Norwegische Waldkatze

Ernährung, Erziehung, Pflege und vieles mehr!

MEINE KATZE FÜRS LEBEN RATGEBER

Eine ursprüngliche Rasse - die Norwegische Waldkatze

In den rauen Wäldern Norwegens entwickelte sich eine Katzenrasse, die sich optimal dem Klima anpasste. Eine lange dicke Halskrause, ein buschiger Schwanz und eine extrem dichte Unterwolle schützen vor eisiger Kälte und Nässe. Diese besonderen Tiere vermischten sich immer wieder mit Hauskatzen und es bestand die Gefahr, dass die Merkmale der Katzen verschwinden. Um dies zu verhindern, begann die Zucht der Rasse, die heute als Norwegische Waldkatze bezeichnet wird. Trotz der wilden Vergangenheit sind die Katzen sehr anhängliche und ruhige Hausgenossen. Das Buch beantwortet viele Fragen zu der nordischen Rassekatze.

- Wie lassen sich Norwegische Waldkatzen ohne Freigang halten?
- Was sind die rassespezifischen Merkmale?
- Welche Impfungen sind wichtig?
- Was ist bei der Ernährung zu beachten?
- Wie sollte eine Wohnung für die Katzen eingerichtet sein?
- Wieso sollte man die Katzen dressieren?

Das Buch vermittelt Ihnen einen tiefen Einblick in den Charakter der Waldkatzen und gibt wertvolle Tipps zur Erziehung und Dressur. Erfahren Sie, wie Sie es schaffen, die Tiere zu erziehen. Die Rasse gilt als gelassen, anpassungsfähig und selbstbewusst. Die Tiere sind gleichzeitig voller Energie und Tatendrang sowie neugierig und verspielt. Außerdem sind sie dem Menschen zugetan, mögen Streicheleinheiten und schmusen gerne mit der ganzen Familie.

Inhaltsverzeichnis

Abbildungsverzeichnis

Wie bei allen Waldkatzen handelt es sich auch bei den Norwegern um eine Rasse, die sich ursprünglich in der freien Natur aus Hauskatzen entwickelt hat. Eine gezielte Zucht begann erst vor 100 Jahren und diente ursprünglich dem Zweck, ein Aussterben der Rasse in der Natur zu verhindern. Die Rasse ist überaus robust, denn sie basiert auf einem großen natürlichen Genpool.

Abbildung 1: Norwegische Waldkatze

Geschichte der Rasse

Die Vorfahren der Norwegischen Waldkatze sind nicht eindeutig zu ermitteln. Es handelt sich auf keinen Fall um eine echte Wildkatze.

Herkunft unbekannt

Die Europäische Wildkatze verpaart sich zwar regelmäßig mit Hauskatzen, sie kommt aber in Norwegen nicht vor. Daher ist ein Einfluss dieser Katzen auf die Entwicklung der Norwegischen Waldkatze auszuschließen. Sie stammt mit Sicherheit von der Falbkatze (Afrikanische Wildkatze) ab. Die Tiere haben von Kopf bis Schwanzansatz eine Länge von 40 bis 66,5 cm und die Schwanzlänge beträgt 24 bis 37 cm. Mit einem Gewicht von 2,4 bis 6,4 kg sind Falbkatzen etwas leichter als die meisten Hauskatzen. Die wenig aggressive Katzenart ist leicht zu zähmen. Tatsache ist, dass es bereits 7.500 v. Chr. auf Zypern Hauskatzen gab.

Das Leben in der Nähe von Menschen hatte für beide Seiten Vorteile. Die Nahrungsmittelvorräte der Menschen lockten Nager an und die Katzen hielten die Population von Mäusen und Ratten in Grenzen. So verbreiteten sich Hauskatzen zusammen mit der Menschheit. Irgendwie gelangten so auch einige Katzen in die rauen und kühlen Wälder Norwegens. Dort entwickelte sich die Naturrasse, die als Norwegische Waldkatze bekannt ist. Mit anderen Worten: Die typischen Rassemerkmale bildeten sich ohne einen gezielten Eingriff des Menschen.

Es ist unwahrscheinlich, dass sich die Merkmale ausschließlich durch spontane Mutationen etablierten. Diese geschehen zufällig und es ist kaum anzunehmen, dass der buschige Schwanz, die Halskrause des Winterfells und die Haare zwischen den Zehen durch einen praktischen Zufall entstanden. Den Schwanz decken die Norweger beim Schlaf über die Nase, um die Atemwege vor der kalten Luft zu schützen. Die Haare zwischen den Zehen wirken wie Schneeschuhe und verhindern, dass die Tiere im Neuschnee einsinken. Ähnliche Merkmal haben sich auch bei der Rasse Main Coon ausgebildet, die in Maine entstand. Der Bundesstaat der USA hat ein ähnliches Klima wie Norwegen.

Es spricht vieles dafür, dass Seefahrer Vorläufer der heutigen Perserkatzen als Schiffskater dabei hatten. Die Kater vergnügten sich während des Ladens der Schiffe mit einheimischen Katzendamen. Diese Option ist auch bei den Maine-Katzen möglich. In Norwegen könnten auch auf dem Landweg sibirische Katzen eingewandert sein, die ebenfalls ein langes Fell haben. Deren Herkunft ist umstritten. Sie könnten Nachfahren von Angorakatzen oder russischen Wildkatzen sein.

Hinweise seit wann langhaarige Katzen in Norwegen leben, gibt es nicht. Die Behauptung, dass sich Abbildungen solcher Katzen bereits auf Münzen der Wikingerzeit befinden, ist falsch. Auf den Münzen sind, sofern es sie gibt, keine norwegischen Tiere abgebildet, denn im Ostseeraum wurde erst 1.000 n. Chr. Münzen geprägt, als die Wikingerzeit endete.

In der altnordischen Mythologie wird zwar von zwei Katzen berichtet, die den Wagen der Fruchtbarkeitsgöttin Freya ziehen, aber es gibt keinen Hinweis auf langhaarige Katzen. Nur in einigen norwegischen Märchen finden sich Hinweise auf koboldhafte Zauber- oder Trollkatzen mit langen buschigen Schwänzen. Diese Erzählungen entstanden vermutlich aus dem Mittelalter und können einen Hinweis auf Waldkatzen in Skandinavien sein.

Tatsache lebten zu Beginn des 20. Jahrhunderts in den norwegischen Wäldern eine Vielzahl von großen, robusten Katze mit halblangem Fell, einem ausgeprägten buschigen Schwanz und einer deutlichen Halskrause. Da es ständig zu Verpaarungen mit normalen Hauskatzen kam, befürchtete man, dass die Waldkatzen aussterben könnten. Daher begann 1930 die gezielte Zucht.

Die Zucht von Norwegischen Waldkatzen

Kaum hatte die ersten Zuchtversuche begonnen, brachte der Krieg diese wieder zum Erliegen. 1972 wurde die Rasse dann endlich von norwegischen Vereinen als „Norsk Skogkatt" registriert und 1973 suchte der norwegische Dachverband NRR Halter von norwegischen Waldkatzen, um die Erhaltung dieser Rasse durch gezielte Zucht zu sichern.

Der erste anerkannte Kater der Rasse war Pan's Truls. Ihn hat das Zuchtprogramm anscheinend weniger begeistert, denn er verschwand nach dem zweiten Deckakt in die norwegischen Wälder. Trotzdem gab es 1977 bereits 150 registrierte Katzen und ab 1978 war die Ausfuhr ins Ausland erlaubt. 1985 organisierte die erste Norweger-Interessengemeinschaft eine große Norweger-Sondershow, bei der 67 norwegische Waldkatzen ausgestellt wurden.

Heute ist die Rasse weltweit verbreitet und erfreut sich großer Beliebtheit.

Erbkrankheiten

Da die Norwegische Waldkatze sich weitgehend ohne Zuchtbemühungen des Menschen entwickelte, entstand eine robuste und gesunde Rasse. Bei reiner Wohnungshaltung beträgt die Lebensdauer etwa 13 bis 15 Jahre. Eine normale Hauskatze wird mit 15 bis 16 Jahren etwas älter. Dies liegt wahrscheinlich an der Größe der Norweger, denn große und schwere Rassen werden meist nicht so alt wie Tiere mittlerer Größe. Natürlich gibt auch immer Exemplare, die über 20 Jahre alt werden.

Einige Erbkrankheiten kommen bei aller Robustheit auch bei den Norwegern vor:

- Glykogen-Speicherkrankheit Typ IV (GSD IV): Diese Erbkrankheit kommt anscheinenden nur bei Norwegischen Waldkatzen vor. Nur wenn beide Elternteile das Gen tragen, werden die Kitten krank. Sie sterben meist sofort nach der Geburt. Älter als 14 Monate werden die Tiere nie. Gute Züchter achten darauf, dass beide Elterntiere diese Veranlagung nicht in sich tragen.
- Taubheit: Sie tritt bei komplett weißen Tieren überdurchschnittlich oft auf, dies gilt für alle Katzenrassen.
- Pyruvatkinase-Defizienz: Diese Krankheit zeigt sich frühestens im Alter von sechs Monaten und spätestens mit fünf Jahren. Die Tiere leiden unter Blutarmut (Anämie), die zu Lethargie, Durchfall, blassen Schleimhäuten, Appetitlosigkeit, schlechter Fellqualität, Gewichtsverlust, Gelbsucht und manchmal auch Milzvergrößerung führt. Je nach Schwere der Symptome müssen die betroffenen Katzen eingeschläfert werden. Gute Züchter schließen die Krankheit durch einen Gentest aus.

- Hypertrophe Kardiomyopathie: Diese Verdickung des linken Herzmuskels verursacht Herzschwäche und Herzrhythmusstörungen sowie tödliches Herzversagen. Die Krankheit ist vererbbar. Daher werden Züchter nie mit Katzen züchten, die diese Krankheit haben. Aber sie kann eine Generation überspringen und bricht oft erst sehr spät aus. Es kann also auch bei einem verantwortungsvollen Züchter geschehen, dass Katzen, welche die Krankheit in sich tragen, Nachwuchs bekommen. Regelmäßige Ultraschalluntersuchungen helfen, die Krankheit zu erkennen und frühzeitig zu behandeln. So lässt sich ein schlimmer Verlauf verhindern oder zumindest hinauszögern.

Rassemerkmale

Besonderheiten des Fells

Die Norwegische Waldkatze ist eine sogenannte Semilanghaarkatze, die auch oft als Mittellanghaarkatze bezeichnet wird. Ihr Fell besteht aus einem wolligen Unterfell, das am Rücken und an den Flanken vom wasserabstoßenden Deckhaar überdeckt ist. Dieses ist lang und grob. Es wird von dünnen, glänzenden Grannenhaaren überzogen. Die wasserabweisenden Deckhaare sind leicht ölig und schwer. Sie wirken etwas zottig und sind nicht so seidig wie das der Maine-Coon-Katzen, denen die Norweger ansonsten sehr ähneln.

Abbildung 2: Norwegische Waldkatze im Schnee

Nicht kastrierte Tiere haben im Sommer ein ähnliches Erscheinungsbild wie normale Hauskatzen. Nur die langen Haare am Schwanz verraten die Rasse. Kastraten haben oft auch im Sommer ein winterliches Haarkleid mit ausgeprägter Hemdbrust, einer vollen Halskrause und einer Beinbehaarung, die wirkt, als habe die Katze Knickerbocker an.

Selbst ohne Zucht kommen Waldkatzen mit verschiedenen Fellfärbungen und Fellzeichnungen vor. Zu erwähnen ist die Fellfarbe Amber, die nur bei Norwegern vorkommt. Die Kitten kommen mit einem kräftigen Tabbymuster auf die Welt, das nach und nach zu Amber, einem apricot- oder zimtähnlichen Farbton verblasst. Es handelt sich um eine eigenständige Mutation des schwarzen Pigments und ist keine Einkreuzung einer Variante von Cinnamon.

Katzen mit Fellzeichnung werden als Agouti zusammengefasst, einfarbige als Non-Agouti. Der sogenannte Aalstrich auf dem Rücken ist meist nur bei Agouti-Katzen zu erkennen. Die immer noch vorhandenen unregistrierten halblanghaarigen Bauernhofkatzen in Norwegen, die man als „Urform" der Norweger Katzen ansehen kann, sind überwiegend getigert oder schwarz (mit und ohne Weiß) und oft mit weißen Handschuhen. In den nördlichen Regionen beherrschen getigerte Katzen das Bild. An den grauen Felsenküsten kommt die schwarze Fellfarbe mit und ohne Weiß-Anteil häufiger vor.

Kopf und Körperbau

Die Katzen haben eine Schulterhöhe von 40 bis 45 cm und eine Länge von 100 bis 130 cm, gemessen von der Nasen- bis zur Schwanzspitze. Die weiblichen Tiere bringen es auf 3,5 bis 7 kg Gewicht. Die Kater bringen es auf 5 bis 9,5 kg. Einige sehr schwere Exemplare können auch 12 kg wiegen. Der Körper ist lang und zeichnet sich durch einen kräftigen Knochenbau aus. Er erscheint kraftvoll mit breiter Brust und hat einen beachtlichen Umfang. Laut Rassestandard muss der lange buschige Schwanz mindestens bis zu den Schulterblättern reichen, Ideal ist es, wenn er bis zum Nacken geht.

Der Kopf soll eine dreieckige Form haben, bei dem alle Seiten gleich lang sind (gleichseitiges Dreieck). Er zeigt ein hohes Profil mit leicht gerundeter Stirn ohne Unterbrechung (Stop der Nase). Die großen Ohren haben eine breite Basis und laufen spitz zu. Erwünscht sind luchsartige Haarpinsel an den Ohrenenden und lange Haarbüschel in den Ohren. Die großen und ovalen Augen stehen leicht schräg. Sie sind in der Regel grün oder gelb.

Beine und Pfoten

Die großen kräftigen Katzen haben hohe Beine. Die Hinterbeine sind länger als die Vorderbeine und die großen, runden Pfoten sind zwischen den Zehen und an den Sohlen stark behaart.

Die Krallen sind wie bei allen Katzen nach hinten gebogen. Daher können Waldkatzen nicht, wie oft behauptet, mit dem Kopf voran einen Baum herabklettern. Die Tiere haben sich allerdings eine Technik angewöhnt, die den Eindruck entstehen lässt. Sie bewältigten den Baumabstieg zügig mit weit gespreizten Beinen und Pfoten. Dabei klettern Sie spiralförmig seitlich und springen aus beträchtlicher Höhe herab. Daher sieht man selten einen Norwegische Waldkatze, die rückwärts klettert.

Wesen der Waldkatzen

Die Rasse gilt als gelassen, anpassungsfähig und selbstbewusst. Die Tiere sind gleichzeitig voller Energie und Tatendrang sowie neugierig und verspielt. Außerdem sind Sie dem Menschen zugetan, mögen Streicheleinheiten und schmusen. Sie brauchen aber auch Phasen, in denen Sie sich zurückziehen.

Norwegische Waldkatzen werden oft als Familienkatzen bezeichnet, weil Sie robust und geduldig sind und gerne ausgiebig mit Kindern spielen. Aber sie neigen auch dazu, sich ein Familienmitglied als Liebling auszusuchen. Sie teilen die Bewohner schnell in „Lieblingsmensch" und „Kein Lieblingsmensch" ein. In Abwesenheit des Lieblingsmenschen spielen und schmusen Sie mit allen Bewohnern. Sie ignorieren alle Hausbewohner, sobald ihr Favorit ins Haus kommt.

Die Stimme scheint zu den großen robusten Tieren nicht zu passen. Sie ist ein entzückendes helles Zirpen. Laute Unmutsäußerungen wie bei anderen Katzen werden Sie von den Norwegern nicht hören. Sie ziehen sich eher schmollend zurück, wenn niemand auf die zarten Töne reagiert.

Ansprüche der Rasse

Nur wenn Sie sich auf die Ansprüche der Tiere einlassen, werden Sie mit diesen lange und glücklich zusammenleben. Es ist völlig sinnlos, sich eine Katze mit langem Fell anzuschaffen, wenn Katzenhaare auf den Möbeln ein Problem sind. Auch Menschen, die keine Lust haben, sich regelmäßig mit den Tieren zu beschäftigen, solle besser darauf verzichten, eine Katze zu halten.

Pflege

Viele Katzenbesitzer übertreiben es mit der Pflege. Ihre Waldkatze braucht mit Sicherheit kein Vollbad und eine Pediküre nur in Ausnahmefällen. Aber Bürsten und eine regelmäßige Kontrolle von Augen, Ohren und den Pfoten sind wichtig.

Bürsten des Fells

Die Norweger brauchen weniger Fellpflege, als der Anblick einer solchen Katze im Winterfell annehmen lässt. Allerdings schwankt der Aufwand abhängig von der Jahreszeit.

Im Sommer ist das Fell etwas kürzer und hat nur wenig Unterwolle. Verwenden Sie einmal wöchentlich eine Bürste mit Naturborsten. Wenn die Katze das Bürsten liebt, sollten Sie das Tier täglich damit verwöhnen. Viele Katzen lieben es, wenn Sie außerdem eine Massagebürste verwenden.

Etwa ab September setzt bei der Norwegischen Waldkatze der Fellwechsel ein. Sie verliert überwiegend Deckhaar. Durch tägliches Bürsten verhindern Sie, dass die Katze beim Putzen viele Haare verschluckt. Außerdem vermeiden Sie, dass sich die Haare in der Wohnung verteilen.

Abbildung 3: Pflegeset

Im Winter, wenn die Katze das längere Deckhaar und die dichte Unterwolle hat, besteht die Gefahr, dass das Fell verfilzt. Sie brauchen einen Kamm mit rotierenden Zinken zum schonenden Entwirren und eine Zupfbürste mit abgerundeten Edelstahlborsten zum Entfernen loser Haare. Auch eine Bürste mit Metallborsten und Kunststoffnoppen ist eine große Hilfe. Sie sollten die Katze täglich bürsten, damit die Unterwolle nicht verfilzt.

Etwa ab März beginnt ein erneuter Fellwechsel, den Sie nicht übersehen können. Beim Bürsten sind sofort viele Haare zwischen den Borsten und auch in der Wohnung sind Haarbüschel zu finden.

Sie sollten die Katze mehrmals am Tag bürsten, damit sie nicht so viele Haar beim Putzen verschluckt.

Wenn das Fell stark verfilzt ist, helfen Knoten-Gel oder Kämmhilfe-Spray. Auch ein Furminator ist hilfreich. Gehen Sie behutsam vor, denn wenn das Bürsten und Kämmen ziept, werden Norweger sich der Prozedur zu entziehen suchen. Die Fellpflege kann zum Zweikampf werden.

Sehr starke Verfilzungen schneiden Sie am besten aus dem Fell. Nehmen Sie eine Schere mit kurzer abgerundeten Schneiden und achten Sie darauf, wirklich nur Haar abzuschneiden. Führen Sie die Schere parallel zur Haut. Noch besser ist es, wenn sie einen Brieföffner verwenden, denn damit sind Verletzungen nahezu ausgeschlossen.

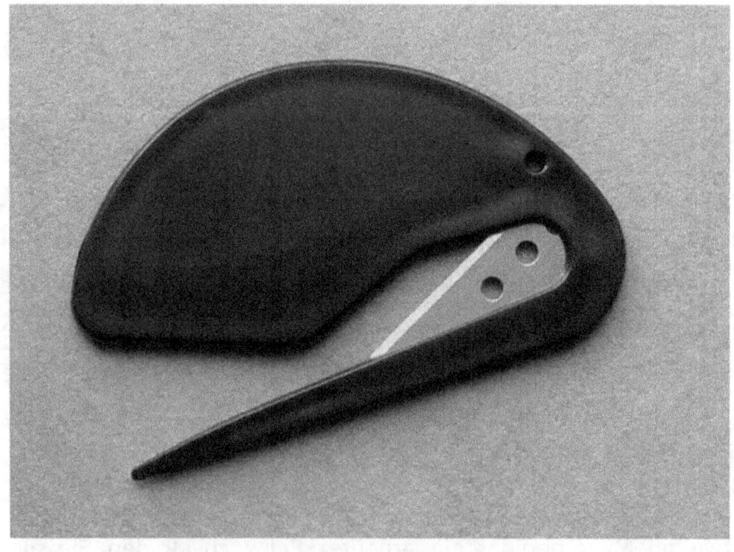

Abbildung 4: Brieföffner, der sich ausgezeichnet dazu eignet, Verfilzungen abzuschneiden, © rgladel

Ohren und Augen kontrollieren

Schauen Sie bei der Fellpflege kurz in jedes Ohr und in die Augen. Leichte Verklebungen am inneren Augenwinkel können sie mit einem nicht fußelnden Tuch wegwischen, das Sie mit Augentropfen gegen Augenreizungen getränkt haben. Bei gelben eitrige Ausfluss müssen Sie mit der Katze zum Tierarzt.

Diesen müssen Sie auch sofort aufsuchen, wenn Sie dunkle Krümel im Ohr bemerken oder es aus dem Ohr stinkt. Die Katze hat vermutlich Milben im Ohr. Bitte versuchen Sie nicht, die Ohren mit Hausmitteln zu säubern.

Zahnproblemen vorbeugen

Viele Katze bekommen ab dem 6. Lebensjahr Probleme mit den Zähnen oder dem Zahnfleisch. Natürlich können Sie dem vorbeugen, in dem Sie die Katze bereits als Baby an das Putzen der Zähne mit Zahnpasta für Katzen gewöhnen. Stupsen Sie mit einer weichen Zahnbürste, die einen kleinen Kopf hat, an das Maul. Das Kätzchen wird auf der Bürste kauen. Führen Sie nun Putzbewegungen aus. Sobald sich das Tier daran gewöhnt hat, geben Sie etwas Zahnpasta für Katzen auf die Bürste. Bitte keine Produkte für Menschen (auch keine Kinderzahnpasta) verwenden. Der Geschmack dieser Mittel stößt Katzen ab. Besser ist es, für eine Ernährung zu sorgen, welche die Zahnreinigung unterstützt.

Norweger sind nicht faul und kauen gerne auf zähem Fleisch oder einem Kalbsknochen mit Fleisch. Das ist die beste und natürlichste Zahnreinigung. Sie garantiert aber nicht, dass die Katze auch im fortgeschrittenen Alter keine Zahnprobleme bekommt. In der freien Natur werden Katzen oft nicht älter als 4 bis 5 Jahre, in dieser Zeit entwickeln auch verwöhnte Hauskatzen kaum Zahnstein.

Bitte keine Pediküre

Eine Kontrolle der Pfoten auf Verletzungen ist wichtig. Schauen Sie auch, ob Krallen zu lang werden und in die Haut wachsen können. Aber schneiden Sie nie die Krallen, weil Ihre Katze Kratzspuren in der Wohnung hinterlässt. Sie schneiden einem Kind auch nicht die Finger ab, damit es keine Wände beschmieren kann.

Norweger Katzen müssen klettern und das geht nicht ohne Krallen. Außerdem ist das Kratzen für jede Katze wichtig, denn Sie markiert so ihr Revier. Im Anhang finden Sie Tipps, wie Sie sich mit Katzen bezüglich des Kratzverhaltens arrangieren können.

Norwegische Waldkatzen brauchen Gesellschaft

Katzen sind keine Einzelgänger, die Artgenossen erbittert vertreiben. Sie legen Rangfolgen und Reviere fest, meiden aber andere Katzen nicht. Im Gegenteil, sie brauchen ein gewisses Maß an Interaktion. Bei einem Freigänger gibt es regelmäßig soziale Kontakte, aber eine reine Wohnungskatze sitzt in Einzelhaft.

Natürlich passt sich die Katze an, aber sie ist nicht unbedingt glücklich. Das Leben ist eintönig und ruhige Katzen neigen dazu, sich zurückzuziehen. Sie spielen kaum und verbringen den Tag mit Fressen und Schlafen. Manche Tiere wenden sich erkennbar von der Umgebung ab und starren stundenlang an eine Wand. Von Natur aus temperamentvolle Katzen neigen zu Hyperaktivitäten.

Sie miauen ständig und Sie können keinen Schritt gehen, ohne über die Katze zu stolpern. Solche Tiere neigen zu Aggressivität und auch zur Unsauberkeit.

Sicher ist es kaum möglich, eine ältere Katze, die immer alleine war mit anderen Katzen zu Vergesellschaften. Daher sollten Sie von Anfang an zwei oder drei Katzen zusammenhalten.

Vergesellschaftung

Es gibt viele Gründe, eine erwachsene Katze erstmals mit einem Hund oder einer anderen Katze zusammen zu bringen. Die Norwegische Waldkatze ist sehr sozial und akzeptiert dies oft sogar im hohen Alter. Generell müssen die Charaktere zueinander passen. Ungestüme und laute Siamesen können einer ruhigen Waldkatze auf die Nerven gehen. Aber sie wird den wilden Genossen vermutlich einfach ignorieren.

Fremde Katzen zusammenführen

Obwohl Norwegische Waldkatzen die Gesellschaft anderer Katzen suchen, kommt es zu Revierkämpfen. Verstehen Sie das nicht falsch. Es geht nicht darum, einen Eindringling zu vertreiben. Die Tiere legen lediglich eine Rangfolge fest. Sie dürfen dabei nie den Eindruck erwecken, dass Sie Partei ergreifen. Das beginnt schon beim Einzug. Wenn Sie mit dem Neuling auf dem Arm in das Revier einer Katze treten und die dort lebende Katze sofort daran hindern, mit den Neuen zu kämpfen, kommt es schnell zu einem erbitterten Kampf. Der Neue kommt von oben ins Revier und Sie verbieten der in der Wohnung lebenden Katze dem Eindringling „die Meinung zu sagen".

Die erste Begegnung sollte auf Augenhöhe stattfinden. Idealerweise stellen Sie die Transportbox mit dem Neuankömmling in den Raum. Die Katzen können sich beschnuppern, aber das Gitter trennt sie. Wenn die Tiere sich anfauchen, warten sie einfach ab. Öffnen Sie die Tür der Box, sobald sich die Gemüter beruhigt haben. In der Wohnung sind zwei Reviere entstanden, die Box für den Neuzugang und den Rest der Wohnung für den Bewohner. Nun kann sich der Neuzugang nach und nach das neue Revier erobern. Greifen Sie nur ein, wenn eine der Katzen wirklich in Gefahr kommen sollte.

Hund und Katze – Na und?

Auch mit Hunden vertragen sich Norweger meist gut. Natürlich darf der Hund kein Katzenjäger sein, obwohl auch das gut gehen kann. Viele Hunde jagen Katzen nur im Freien und sind in der Wohnung bereit, sich mit dieser zu arrangieren.

Hunde wedeln mit dem Schwanz, wenn Sie sich freuen und freundlich gestimmt sind. Katzen führen ähnliche Bewegungen aus, wenn Sie ärgerlich und aufs Höchste angespannt sind. Sie zeigen durch Aufstellen des Schwanzes sogar Aggression an. Kurz Ihre Katze geht davon aus, dass der schwanzwedelnde Hund angreift und der Hund versteht die Abwehrhaltung der Katze als Aufforderung zum Spiel. Rennt die Katze weg, betrachtet Bello das als Beginn eines Jagdspiels. Die Mieze rennt aber um ihr Leben.

Tatsache ist, dass eine Vergesellschaftung scheitern kann. Kaum eine Chance besteht bei einem Hund mit extrem großen Jagdtrieb oder einer Katze, die schlechte Erfahrungen mit Hunden hinter sich hat.

<u>Generell gilt Folgendes:</u>

- Eine junge Katze kommt mit einem Hund, der bei Ihnen lebt, meist gut zu Recht. Die Eingewöhnung ist relativ einfach. Eine alte Katze duldet selten einen Neuzugang.

- Ruhige Hunde mit einem wenig ausgeprägten Jagdtrieb wie Hütehunde eignen sich besser zur Vergesellschaftung mit Katzen als Jagdhunde.

- Der Hund sollte gut diszipliniert sein und nicht bellen, wenn er eine Katze sieht.

- Sorgen Sie für eine sichere erste Begegnung. Idealerweise befindet sich die Katze in der Transportbox und der angeleinte Hund sitz in einer Entfernung von etwa zwei Metern. Beide Tiere lernen den Geruch des anderen kennen.

- Öffnen Sie die Box erst, wenn beide Tiere sich beruhigt haben. Halten Sie den Hund an der kurzen Leine. Er soll sitzen oder sich hinlegen. Die Katze muss auf den Hund zugehen, niemals der Hund auf die Katze. Der Instinkt veranlasst Katzen, vor Hunden zu flüchten und Hunde dem wegrennenden Tier nachzujagen. Katzen dagegen leitet kein Instinkt hinter einem Hund herzulaufen und Hunde flüchten nicht instinktiv vor Katzen. Daher löst es keine angeborenen Reflexe aus, wenn eine Katze sich einem Hund nähert.

- Sorgen Sie für Rückzugsmöglichkeiten. Ein Körbchen oben auf einem Regal ist für die Katze ein sicherer Ort. Verhindern Sie, dass die Katze sich in den Korb des Hundes legt.

- Füttern Sie die Tiere an getrennten Plätzen. Futterneid löst Stress aus. Eine gute Lösung ist, den Futternapf der Katze auf einen erhöhten Platz zu stellen und den Hund in einem Nebenraum, den die Katze nicht erreichen kann, zu füttern.

Generell muss die Katze den Hund erobern, das heißt, der Hund wird an der kurzen Leine gehalten und die Katze geht auf ihn zu. Ein Hund, der auf eine Katze zu rennt, wir von dieser als Gefahr betrachtet.

Das Verhältnis zu den menschlichen Bewohnern

Für die Norwegische Waldkatze sind Menschen mehr als Dosenöffner. Sie bauen gerne einen Bezug zu den menschlichen Mitbewohnern auf. Aus diesem Grund sollten Sie sich nur eine Katze dieser Rasse anschaffen, wenn Sie bereit sind, sich auf das Tier einzulassen.

Selbst als Freigänger wollen die Norweger regelmäßigen Kontakt zu ihren Menschen. Wie bereits erwähnt, bauen die Tiere meist zu einer Person eine besonders enge Bindung auf. Sie leiden, wenn ausgerechnet dieser Mensch sich nicht um die Katze kümmert.

Richtige Fütterung

In den ersten Wochen stürmen viele neue Eindrücke auf die Katze ein. Das muss sie erst einmal verkraften. Füttern Sie das gewohnte Futter zu den üblichen Fütterungszeiten des Vorbesitzers. Egal ist es ob, Ihnen als Halter*in das Futter behagt oder nicht. Entscheiden Sie sich nach der Eingewöhnung, welcher Art das Futter sein soll, das Sie künftig verfüttern. Idealerweise geben Sie rohes Fleisch oder hochwertiges Nassfutter. Trockenfutter sollte höchstens ein Schnack sein.

Im Anhang finden Sie eine Anleitung für die Umstellung des Futters und Hinweise zum „Biologisch artgerechtem rohen Futter"

(BARF). Kitten sollten im ersten Jahr überwiegend Nassfutter bekommen. Doch woran erkennen Sie hochwertiges Nassfutter?

Merkmale von guten Nassfutter

Die wilden Artgenossen, also die Katzen, die noch heute in den Wäldern und einsamen Gehöften Norwegens leben, ernähren sich von Mäusen, Eidechsen und Vögeln. Die Katzen braten ihre Beute nicht und pflegen diese auch nicht zu trocknen. Außerdem haben die Beutetiere keinen mit Obst oder Gemüse gefüllten Bauch. Katzen sind reine Fleischfresser. Darin unterscheiden Sie sich von Hunden, deren Vorfahren die Wölfe sind Fleisch-Allesfresser (Carni-Omnivoren). Das heißt, sie bevorzugen Fleisch, können sich aber auch von Obst und Gemüse ernähren. Wildhunde stürzen sich oft zunächst auf die Eingeweide der Beutetiere, in denen es reichlich pflanzliche Kost gibt. Falbkatzen, die Vorfahren aller Hauskatzen, sind reine Fleischfresser (Carnivoren). Sie können Kohlenhydrate kaum verdauen.

Das übliche Beutetier der Katze besteht zu etwa 70 % aus Wasser, zu 15 % aus Proteinen und zu 10 % aus Fett. Lediglich 1-2 % der Kleintiere sind Kohlenhydrate, Vitamine, Spurenelementen und Ballaststoffe.
Achten Sie auf genaue Angaben, um welche Proteine und Fette es sich handelt. Pflanzliche Proteine und Fette nutzen Ihrer Katze nichts. Sie braucht tierisches Eiweiß und Fett. Keine Katze kann auf Dauer als Vegetarier oder gar Veganer leben.

Katzen müssen Taurin aufnehmen, das im Muskelfleisch großer Tiere in zu geringen Mengen enthalten ist. Sie können Vitamin C selbst erzeugen, aber aus Carotin kein Vitamin A synthetisieren.

Sie brauchen für einen gesunden Knochenbau ein Verhältnis von Calcium zu Phosphat von etwa 1,15/1. Stimmt dieses Verhältnis nicht, drohen Harnsteine.

Normalerweise haben Katzen einen guten Instinkt für eine ausgewogene Ernährung, aber mittels Zucker und Aromastoffen verstehen es Hersteller, Katzen auf ihr Futter zu fixieren. Ein hoher Vitamin- und Tauringehalt beruhigt das Gewissen von Frauchen. Die Folge sind Übergewicht, schlechte Zähne und Diabetes.

Hohe Dosen der wasserlöslichen Vitamine B1 (Thiamin), B2 (Riboflavin), B3 (Niacin), B5 (Pantothensäure), B6 (Pyridoxin), B7 (Biotin), Folsäure, B12 (Cobalamin) und C (Ascorbinsäure) sind kein Problem, denn der Organismus der Katze scheidet sie aus.

Probleme können durch eine Überdosierung fettlöslicher Vitamine entstehen.

Überdosierungen haben schlimme Folgen:
- Vitamin A (Retinol) kann zum Verknöchern der Halswirbelsäule, Verfetten der Leber und Beeinträchtigung der Nieren führen. Katzenwelpen neigen außerdem zu Skelettmissbildungen.
- Durch Vitamin D (Calciferol) können Organe verkalken.
- Vitamin E (Tocopherol) kann bei Jungtieren zu Vergiftungen führen.

Fertigfutter enthalten meist keine zu hohen Dosen fettlöslicher Vitamine. Aber füttern Sie nicht täglich Sorten mit Lachs oder

Leber, denn so kann es zu einer Überdosierung kommen.

Betrachten Sie die Inhaltsangaben auf der Verpackung.

Gutes Katzenfutter hat einen:

1. Fleischanteil zwischen 70 und 80 %
2. Proteingehalt von ca. 10 %
3. Fettgehalt von ca. 6 -7 %
4. Anteil an pflanzlichen Bestandteilen von maximal 5 %.
5. Das Ca – P - Verhältnis beträgt 1,15:1

Es sind keine Farb- , Lock- und Konservierungsstoffe, Zucker, Karamell, Melasse, Zuckerrübenschnitzel, Mais- und Sojaprodukte enthalten.

Wieso Trockenfutter immer problematisch ist

Wie bereits erwähnt, keine Katze legt eine Maus vor dem Verzehr in die Sonne zum Trocknen. Wie sehr Trockenfutter von der Zusammensetzung der Beutetiere abweicht, erkennen Sie an folgender Tabelle:

Inhalt	Trocken (100 g)	Maus (100 g)
Rohprotein	33 g	16 g
Rohfett	23 g	6 g
Rohasche	7 g	1 g
Rohfaser	5 g	1 g
Wasser	32 g	76 g

Der Feststoffgehalt von Trockenfutter beträgt insgesamt 56 g, der einer Maus nur 22 g. Diesen 22 g steht eine Flüssigkeitsmenge von 76 g gegenüber, also etwa das 3,5-fache. Ihre Katze müsste demnach fast 200 mg Wasser aufnehmen, um die 56 g Trockenmasse aufzuweichen.

Sie schluckt aber die Menge an Trockenfutter, bis sie satt ist. Das Futter entzieht dem Körper Wasser und die Katze trinkt, um die Dehydrierung auszugleichen. Das Futter quillt im Magen auf, daher trinkt sie deutlich weniger, als der Organismus benötigt. Dies führt häufig zu Nierenproblemen.

Außerdem hat Trockenfutter einen weiteren Nachteil. Da es nicht verdirbt oder stinkt, lassen die meisten Menschen der Norwegischen Waldkatze ständig einen Napf mit Trockenfutter stehen. Sie meinen es gut, denn wieso soll das Tier hungern. Außerdem ist es bequem, sich nicht an Fütterungszeiten halten zu müssen.

Katzen neigen dazu, mehr zu fressen, als gut für sie ist. Ihr Instinkt sagt ihr, dass es ungewiss ist, wann sie die nächste Maus erbeuten kann. Also langt sie zu, wenn sie eine leichte Beute findet, selbst wenn sie keinen Hunger hat. Der Napf mit Trockenfutter ist eine ständig verfügbare Beute und Ihre Katze wird sich oft daran bedienen, auch wenn sie eigentlich satt ist. Sie wird dick und träge.

Zum Trinken animieren

In der Natur brauchen Katzen selten zu trinken, denn die Beutetiere liefern reichlich Flüssigkeit. Selbst Nassfutter besteht selten längere Zeit zu 76 % aus Wasser. Also sollte Ihre Norweger regelmäßig trinken. Das ist aber in der Natur nicht vorgesehen. Auch pflegen Katzen nicht am Wasser zu jagen. Fressen und Trinken sind für Katzen etwas, was nicht zusammen gehört. Sie betrachten daher einen Wassernapf neben den Futternapf mit Befremden. Dort trinken Sie nur in Ausnahmefällen.

Wo der Wassernapf stehen sollte

Stellen Sie an verschiedenen Stellen in der Wohnung und auch im Freien Näpfe mit frischem Wasser für die Katze bereit. Manche gewöhnen sich einen Streifzug durch das Revier an, bei dem sie an jeder Wasserstelle etwas trinken. Je mehr Näpfe die Katze vorfindet, umso mehr trinkt sie.

Der Reiz des fließenden Wassers

Nutzen Sie den unwiderstehlichen Reiz, den fließendes Wasser auf Katzen ausübt. Einem Aquarium mit Umwälzpumpe oder einen Trinkbrunnen kann kaum eine Katze widerstehen. Sofern Sie keine Piranhas im Becken halten, ist dies meist kein Problem. Allerdings kann es geschehen, dass die Katze gelegentlich ein paar Fische mit aufschnappt. Eine ausgewachsene norwegische Waldkatze wird im Fischbecken nicht ertrinken. Bei Jungtieren sollte Sie aber aufpassen. Da die Norwegische Waldkatze behutsam und geschickt vorgeht, fällt sie höchstens ins Becken, wenn die Abdeckung sie nicht tragen kann.

Natürlich ist ein Brunnen mit Kohlefilter besser als Katzentränke geeignet als ein Aquarium.

Abbildung 5: Trinkbrunnen nutzen, © rgladel

Milch und Snacks

Milch ist kein Katzengetränk. Keine Katze melkt in der Natur Kühe, Ziegen oder Schafe. Kitten trinken die Milch ihrer Mutter, bis diese entwöhnt sind. Katzenmütter dulden keine erwachsenen Katzen an ihren Zitzen. Trotzdem glauben viele Katzenbesitzer, dass ihre Katze unbedingt Milch trinken muss.

Ausgewachsene Katzen vertragen den in Milch enthaltenen Milchzucker (Laktose) nicht. Sie bekommen Durchfall. Daher eignet sich Milch ausgezeichnet, um eine Verstopfung bei Katzen zu lösen.

Übrigens: Viele Katzen verabscheuen Milch, besonders, wenn sie als Jungtiere nie welche bekamen. Betrachten Sie Milch bestenfalls als Snack. Wenn Ihre Katze sie mag, besorgen Sie Katzenmilch oder laktosefreie Produkt für Menschen. Achten Sie darauf, dass kein Zucker enthalten ist. Verzichten Sie auch auf pflanzliche Produkte wie Soja- oder Mandelmilch.

Feste Snacks egal welcher Art gehören nicht in den Futternapf. Sie dienen als Belohnung, wenn Ihre Norweger beispielsweise ein Kunststück vorgeführt haben (Siehe Kapitel: Artgerechte Kunststücke lernen).

Mittel gegen Haarballen

Gras ist das natürliche Mittel, welches Katzen fressen, wenn der Magen durch Haare oder unverdauliche Bestandteile von Kleintieren belastet ist. Die Pflanzenfasern reizen den Magen und führen zum Erbrechen. Solche Hilfsmittel brauchen Norwegische Waldkatzen dringend beim Fellwechsel im Frühjahr. Selbst wenn Sie die Katze regelmäßig bürsten, sammeln sich viele Haare im Magen-Darmtrakt an. Es besteht die Gefahr eines Verschlusses.

Katzen lieben es also, Gras zu fressen. Sie stürzen sich regelrecht auf einen Blumentopf mit Grünzeug. Allerdings erbrechen sie es wieder. Es dient, wie bereits beschrieben, der Magenreinigung. In der Natur nehmen Katzen einiges an Unverdaulichem auf, wie z.B. Haare vom eigenen Fell und natürlich Knochen und Haare der Beutetiere. Um zu verhindern, dass diese Mischung im Magen verklumpt und den Darm verstopft, fressen Katzen Gras. Dieses übt einen Reiz auf die Magenschleimhaut aus und das Tier erbricht, was es nicht verdauen kann.

Falls Sie es nicht mögen, dass die Katze Gras und Haare hochwürgt, geben Sie eine Paste gegen Haarballen. Diese wirken abführend, damit die Haare den Körper über den Darm verlassen. Natürlicher ist es, wenn Sie Katzengras in Töpfen in der Wohnung aufstellen. Außerdem mögen Katzen es, an dem Grünzeug zu knabbern.

Freigänger oder Wohnungskatze

Da die Norweger Katzen sehr auf den Menschen bezogen sind, brauchen Sie nicht unbedingt Freigang. Sie sind aber bestens dafür gerüstet.

Leben mit einem Freigänger

Obwohl Ihre Waldkatze ungehinderte Streifzüge genießen würde, sollten Sie sich überlegen, ob Sie dem Tier diese erlauben. Immerhin müssen Sie mit einem vorzeitigen Verlust des wertvollen und geliebten Tieres rechnen. Auch der Zugang zur Wohnung und die Hygiene beim Umgang mit der Katze sind zu bedenken.

Das Leben in Freiheit ist gefährlich

Draußen lauern Gefahren, mit denen Hauskatzen oft erstaunlich gut zu Recht kommen. Der Grund ist, dass die Katzenmütter ihre Kitten mit der „Wildnis" vertraut machen. So lernen die Kleinen, welchem Hund man besser aus dem Weg geht, wann eine Flucht auf einen Baum die beste Lösung ist und auch, dass Autos eine Gefahr darstellen.

Ihre Norwegische Waldkatze kommt aus einer behüteten Kinderstube? Die Katzenmama kennt selbst keinen Freigang und kein Züchter wird die Zuchtkatze zusammen mit den Kitten durch die Umgebung streifen lassen.

Es ist also ein großes Risiko, wenn Sie Ihre Rassekatze vor die Tür lassen. Neben den allgemeinen Gefahren, denen einen Katze im Freiland ausgesetzt ist, kommt bei den teuren Tieren eine weitere hinzu: Tierdiebstahl.

Hygiene und Krankheiten

Was in Hinblick auf die Hygiene und Krankheiten, die Ihnen die Katze ins Haus bringt, auf Sie zukommt, können Sie sich einfach vor Augen führen. Ihre Norweger Katze möchte nach eigenem Ermessen kommen und gehen, wie es ihr beliebt. Für das Tier ist es normal, Ihnen zu zeigen, welche Beute sie gemacht hat. Rechnen Sie damit regelmäßig Mäuse und Vögel vor die Füße gelegt zu bekommen. Die Kleintiere sind oft noch lebendig, denn eine Katze lernt das Töten vom Muttertier. Viele Rassekatzen lernen es nie. Vielleicht können Sie damit leben, aber wie sieht es aus, wenn die stolze Katze das Beutetier nachts bei Ihnen aufs Bett legt? Hier ist bei den meisten Menschen eine Grenze erreicht.

Um einen gewissen Hygienestandard aufrecht zu erhalten, müssen Sie die Katze zumindest von Schlaf- und Kinderzimmern aussperren. Das wiederum gefällt Ihrer Katze absolut nicht. Sie wird vor der Tür randalieren und Einlass begehren.

Die Gefahr, dass Ihre Katze durch den Freigang krank wird, ist gering, denn sie können die Tiere gegen fast alle Krankheiten impfen. Es gibt aber keine Impfung gegen Katzenaids (FIV), das Virus wird bei Revierkämpfen durch Bisswunden übertragen.

Versorgung im Urlaub

Vorteile hat der Freigang von Katzen im Urlaub, denn es genügt, wenn zweimal am Tag ein Mensch nach der Katze sieht und sie füttert. Aber gewöhnen Sie die Katze behutsam an längere Abwesenheiten. Bleiben Sie eine Nacht weg, dann mal ein paar Tage. So lernt die Katze, dass Sie manchmal verschwinden, aber immer zu ihr zurückkommen. Eine Katze, die plötzlich für Wochen ohne die gewohnten Menschen leben muss, fühlt sich verlassen. Es besteht die Gefahr, dass Sie ich auf die Suche nach Ihnen oder einem Ersatzrudel macht.

Leben mit einer Wohnungskatze

Die Überschrift ist eigentlich falsch, denn Sie sollten nie eine einzelne Katze ohne Freigang halten. Katzen brauchen Kontakt zumindest zu einem Artgenossen. Ein Balkon sollte auch immer zur Verfügung stehen, denn Norweger lieben es besonders im Winter einige Zeit im Freien zu verbringen.

Krankheiten, die Menschen einschleppen

Aber egal, mit wie vielen Katzen Sie die Wohnung teilen, bei der reinen Wohnungshaltung dreht sich das Hygieneproblem um. Sie sind derjenige oder diejenige, der/die aus- und eingeht. Sie kommen täglich mit Bakterien, Parasiten und Viren in Berührung, die Ihre Katzen krank machen können. Eine Impfung gegen Katzenschnupfen schützt vor einer Infektion der Tiere durch Caliciviren. Sie können aber auch durch Influenza-, Corona- und

Rhinoviren eine Erkältung bekommen. Tatsache ist, dass Sie Ihre Katzen anstecken können, wenn Sie eine Infektion haben, das gilt auch für Chlamydien und Herpes.

Achten Sie darauf, dass die Katzen nicht mit benutzen Papiertaschentüchern spielen, halten Sie sich beim Husten oder Niesen ein Taschentuch vor das Gesicht oder zumindest einen Arm. Ihre Waldkatzen begrüßen Sie vermutlich freudig, wenn Sie zur Tür hereinkommen. Streicheln Sie die Vierbeiner erst, nachdem Sie sich gründlich die Hände gewaschen haben.

Sie können auch Wurmeier, Flöhe, Läuse oder Zecken ins Haus bringen. Gehen Sie daher nie davon aus, dass Wohnungskatzen keine Parasiten haben können.

Beschäftigung ist ein Muss

Zwei oder mehr Katzen werden miteinander spielen, aber sie wollen auch mit dem Menschen interagieren. Spielen Sie mit einer Angel, an der ein Federbalg befestigt ist oder einer Schnur. Nehmen Sie sich die Zeit und dressieren sie die Katzen. Waldkatzen sind gelehrig und lieben es, Kunststücke zu machen.

Außerdem darf das Revier (also Ihre Wohnung) nicht zu eintönig sein. Katzen lieben Unordnung, denn in einer ordentlichen Wohnung gibt es kaum etwas zu entdecken. Wenn Sie eine sachlich fast steril wirkende Einrichtung lieben, sollten Sie sich entweder von dieser Designidee verabschieden oder auf eine Katze verzichten. Ihre Katzen werden das Revier so umgestalten, wie es ihnen gefällt. Entweder sie gewöhnen sich daran oder sie finden einen Weg, sich mit den Tieren zu arrangieren. Es wird

Ihnen aber nie gelingen, dass die Katzen die Einrichtung nicht verändern.

Lassen Sie Versandkartons einige Tage stehen. Ihre Katzen werden die neuen Höhlen mit Begeisterung nutzen. Stellen Sie Kisten mit Naturmaterial wie Tannenzapfen oder Heu auf. Die Tiere brauchen Abwechslung. Sicher ist der Anblick gewöhnungsbedürftig, aber die Freude der Katzen sollte es Ihnen leicht machen, diese ungewöhnliche Möblierung zu akzeptieren.

Versorgung im Urlaub

Ein Tag oder zwei Tage können die Norweger unter sich bleiben, sofern mindestens zweimal am Tag ein Mensch für Futter sorgt und das Katzenklo reinigt. Eine längere Abwesenheit unter diesen Bedingungen ist aber wenig angenehm.

Wohnungskatzen leiden sehr, wenn die vertrauten Menschen weg sind. Es reicht nicht, wenn sie zweimal täglich gefüttert werden. Eine der Katze vertraute Person sollte im Schnitt dreimal vorbeischauen und sich einige Zeit mit dem Tier befassen.

Idealerweise zieht ein Mensch, den die Katzen kennen, während Ihrer Abwesenheit in die Wohnung ein. Es ist auch möglich, die Tiere in einem anderen Haushalt unterzubringen. Eine gute Katzenpension, in der die Katzen in einem großen Freigehege oder in Zimmern untergebracht sind, ist ebenfalls eine Alternative. Die schlechteste Alternative sind Einrichtungen, in denen Katzen in kleinen Käfigen sitzen müssen.

Kontrollierter Freigang

Der beste Kompromiss zwischen Sicherheit der Tiere und unkontrolliertem Freigang ist ein gesicherter Garten oder ein großes Freigehege mit Zugang zur Wohnung. Je nach Gestaltung und Größe können Ihre Norweger unter diesen Bedingungen auch eine längere Abwesenheit ihrerseits vertragen.

- Gewöhnen Sie die Katze langsam an den Freigang mit einem Katzengeschirr. Idealerweise hat Sie sich bei Ihnen bereits eingelebt und hat die extrem verspielte Welpenphase hinter sich.
- Wählen Sie einen Tag mit eher kühler und feuchter Witterung. Meiden Sie außerdem Zeiten mit starkem Straßenverkehr. Außerdem sollte das Tier hungrig sein. Beides sorgt dafür, dass die Katze freiwillig wieder zurück ins Haus möchte.
- Öffne Sie die Tür und überlassen Sie Ihrer Mieze den Rest. Sie wird vermutlich das neue Terrain nur vorsichtig erkunden. Sehr ängstliche Katzen gehen erst vor die Tür, wenn Sie ihnen vorangehen.
- Meist will die Katze bereits nach kurzer Zeit wieder ins sichere Haus. Ansonsten rufen Sie sie und locken sie mit Futter.

Ob es sinnvoll ist, die Katze an der Leine an eine Straße zu gewöhnen, darüber streiten die Experten. Natürlich verhindern sie so, dass die Katze in Panik vor ein Auto rennt. Auf der anderen Seite kann gerade die Leine, welche die Katze an der Flucht hindert, zu der Panik führen. Manche Katze verletzt sich bei dem Versuch freizukommen erheblich und oft auch den Menschen, der sie zu bändigen versucht.

Achten Sie darauf, dass das Gehege ein- und ausbruchsicher ist. Diebe könnten sich daran zu schaffen machen. Es sollte mindestens eine Höhe von 2,50 Metern aufweisen. Der Zaun muss im oberen Bereich nach innen weisen. Noch besser ist es, wenn das Gehege komplett mit einem Drahtgitter auch nach oben geschlossen ist, denn Norweger Katzen können hoch und weit springen. Außerdem sind sie ausgezeichnete Kletterer.

Zugang zur Wohnung

Egal ob Balkon, kontrollierte oder unkontrollierter Freigang, Ihre Norwegischen Waldkatzen möchten selbst bestimmen, wann sie sich wo aufhalten. Eine ständig geöffnete Tür beziehungsweise ein Fenster, das immer offenbleibt, kommt dem Wunsch der Katzen entgegen. Sie schätzen ein solches Arrangement vermutlich weniger, besonders nachts und im kalten Winter.

Ohne Katzentür werden Sie zum persönlichen Türöffner Ihrer Katzen. Sie können sicher sein, dass die Mieze hinaus will, wenn Sie die Tür gerade hinter ihr geschlossen haben, als sie hinein wollte. Natürlich begehrt sie sofort wieder Einlass. Vielleicht bleibt die Katze auch einfach auf der Schwelle sitzen, denn „geschlossene Türen" geht in ihren Augen nicht.

Abbildung 6: Elektronische Katzentüren sind noch besser.

Eine Katzentür ist eine gute Lösung. Idealerweise bauen Sie eine elektronische Tür ein, die sich nur öffnet, wenn sich eine bestimmte Katze nähert. Das schützt vor ungebetenen tierischen Besuchern, die sich Zugang zum Freigehege verschafft haben. Außerdem haben Sie so die Option, einzelne Katzen daran zu hindern, das Haus zu verlassen, weil diese beispielswiese zum Tierarzt müssen. Andere Tiere können dann weiterhin kommen und gehen, wie sie es wollen. Elektronische Katzentüren werden über den Chip gesteuert, der jeder Katze beim Tierarzt eingepflanzt werden sollte.

Gesundheit und Tierarztbesuche

Auch eine gepflegte Katze muss manchmal zum Tierarzt. Das bedeutet Stress für Halter*in und Katze. Mit etwas Vorbereitung können Sie erreichen, dass nicht jeder Gang zum Doktor ein Drama wird.

Tierversicherung

Besonders, wenn Ihre Katze operiert werden muss, kommen schnell hohe Kosten auf Sie zu. Eine Krankenversicherung für Tiere ist daher sinnvoll. Diese müssen Sie allerdings meist abschließen, bevor Ihre Katze das 6. Lebensjahr erreicht hat.

Die meisten Tarife decken nicht alle Kosten beim Tierarzt ab. Schauen Sie sich daher die Konditionen genau an. Sehr günstig sind Tarife, die lediglich die Kosten einer Behandlung nach einem Unfall übernehmen. Diese nützt natürlich nichts, wenn Ihre Katze eine Krebsoperation benötigt.

Eine Vollversicherung, die alle Kosten übernimmt und auch erhöhte Sätze des Arztes abdeckt, ist sehr teuer. Die Gebührenordnung für Tierärzte (GOT) ist die Grundlage seiner Rechnung. Eine Röntgenuntersuchung kostet bereits um die 20 Euro, wenn der Tierarzt den einfachen Satz veranschlagt. Er kann bis zum Dreifachen des Satzes erheben.

Erkundigen Sie sich daher vor dem Abschluss der Versicherung, welche Leistungen der Tarif beinhaltet. Generell lohnt sich eine Versicherung, die Operationskosten nach einem Unfall abdeckt, denn sie ist sehr günstig und schütz vor hohen Kosten, die nach einem Unfall oft entstehen.

Der Transport

Viele Katzenbesitzer sind bereits mit den Nerven fertig, wenn Sie beim Tierarzt ankommen. Eine Norwegische Waldkatze, die sich heftig wehrt, in eine Transportbox zu setzen, ist Stress für Mensch und Tier. Dabei sind solche Zweikämpfe oft überflüssig, wenn Sie dafür sorgen, dass die Box nicht ausschließlich mit einem unangenehmen Erlebnis verbunden wird.

Zunächst ist eine Box eine Höhle, in die sich eine Katze gerne legen wird. Es ist sehr hilfreich, wenn Ihre Vierbeiner die Box ständig in der Wohnung vorfinden und es regelmäßig als Schlafplatz dient. Schließen Sie gelegentlich die Tür, wenn sich die Katze darin befindet. Geben Sie ihr ein Leckerchen und öffnen Sie das Türchen. Wenn möglich, nutzen Sie die Box, um die Katze beispielsweise in ein Freigehege zu bringen oder ihr die Gelegenheit zu geben, aus der Box Ihnen bei der Gartenarbeit zuzusehen. Ihre Katze wird die Box mit etwas Angenehmen verbinden.

Abbildung 7: Transportbox ist eine wichtige Anschaffung.

Sperren Sie Ihre Katze gelegentlich aus. Die Tür der Box ist geschlossen, das Tier kann nicht hinein. Es wird sofort in die Box gehen, wenn Sie das Türchen öffnen.

So locken Sie die Katze in die Box, wenn es zum Tierarzt geht. Eine Katze, die auf diese Weise angeliefert wird, ist entspannter als eine, die mit „Gewalt" in die Box musste. Es kommt sogar vor, dass eine Katze nach der Behandlung sofort in die vertraute Box stürmt.

Wichtig: Einsperren in die Box darf nicht immer zu einem Besuch beim Tierarzt führen. Positive Erlebnisse müssen überwiegen.

Nicht alle Impfungen sind sinnvoll

Das Thema Impfen wird in den letzten Jahren bei Mensch und Tier kontrovers betrachtet. Nicht jede Impfung schützt sicher vor einer Erkrankung und die Injektionen können zu schweren Nebenwirkungen führen. Oft wird auch zu früh geimpft. Die Kitten sind durch das Immunsystem der Mutter geschützt und bilden daher keine Antikörper nach der ersten Impfung.

Die Injektion sollte am Schwanzansatz oder in einem Schenkel erfolgen, denn es kann sich ein Sarkom bilden. Bei einer Impfung im Nacken oder zwischen den Schulterblättern sinkt es ab und bleibt lange Zeit unentdeckt. Außerdem lässt es sich dort schwer entfernen. Falls es zum schlimmsten kommt, kann eine Amputation von Schwanz oder Bein die Katze retten, ohne deren Lebensqualität stark einzuschränken.

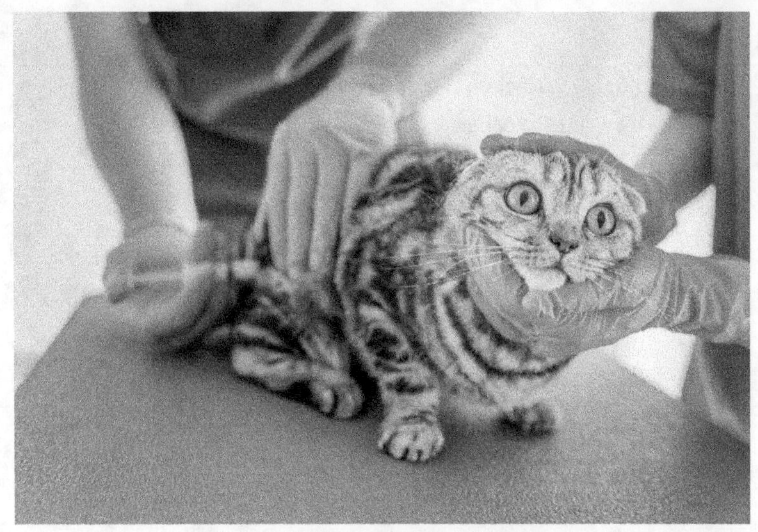

Abbildung 8: Die Injektion

In der Tabelle sind die Impfempfehlung des Instituts für Virologie der veterinärmedizinischen Universität Wien (Stand November 1997) zusammengestellt. Die davon abweichenden Empfehlungen stehen in der letzten Spalte.

Infektion	Grund-immunisierung	Folge-impfungen	Heutige Empfehlungen
Panleukopenie (Katzenseuche)	9 Wochen 12 Wochen	ev. nochmals mit 16 Wochen jährlich	Erstimpfung 12. Woche mit 16 Wochen mit 1 Jahr
Katzen-schnupfen	9 Wochen 12 Wochen	alle 6-12 Monate	Erstimpfung 12. Woche mit 16 Wochen mit 1 Jahr

			alle 3 Jahre
Leukose	9 Wochen 12 Wochen	jährlich	Erstimpfung 12. Woche mit 16 Wochen mit 1 Jahr
Tollwut	9 Wochen 12 Wochen	jährlich	Erstimpfung 12. Woche mit 16 Wochen mit 1 Jahr
FIP	16 Wochen 19 Wochen	jährlich	Erst nach negativem FIP-Test sinnvoll Wirkung der Impfung ist umstritten

➤ Da ältere Katzen nur selten an Katzenseuche erkranken, reicht die Impfung mit einem Jahr meist aus.

➤ Die Impfung gegen Katzenschnupfen kann die Krankheit nicht sicher verhindern. Sie mildert den Verlauf bei einer Infektion mit Caliviren, hat aber keinen Einfluss auf eine Infektion mit anderen Erkältungsviren.

➤ Eine Wiederholung der Leukoseimpfung ist nur bei Freigängern und Katzen, die mit diesen Kontakt haben, sinnvoll. Sie wird meistens verlangt, wenn Sie die Katze in einer Pension unterbringen wollen.

➤ Eine Tollwutimpfung ist nur bei Katzen, die das Haus verlassen in Regionen, in denen Tollwut vorkommt, sinnvoll. Deutschland zählt als tollwutfrei. Die Impfung ist aber bei Reisen ins Ausland, Katzenausstellungen und Unterbringung in Tierpensionen Vorschrift.

Sie müssen Abwägen zwischen der Option eines möglicherweise besseren Schutzes vor Krankheiten und den Gefahren, die eine Impfung mit sich bringt.

Wenn Sie eine Katze bei einem guten Züchter kaufen, ist diese in der Regel gechippt. Eine Rassekatze, die keinen Chip trägt, beziehungsweise wenn der Besitzer dies behauptet, lässt vermuten, dass etwas nicht stimmt.

Der Chip ist vergleichbar mit einem Personalausweis. Er ermöglicht eine eindeutige Zuordnung der Waldkatze zu den Zucht- und Impfpapieren. Wenn die Katze abhanden kommt, ist der Chip oft die einzige Chance, die Katze wieder zu finden. Organisationen wie Tasso, die bei der Suche nach verschwundenen Haustieren helfen, benachrichtigen Tierärzte und Tierheime damit diese auf Katzen mit der Chipnummer achten, die Ihr Tier trägt.

Besonders nach einem Diebstahl oder wenn die Katze entlaufen ist, können Sie davon ausgehen, dass der neue Halter früher oder später mit Fundtier zu einem Tierarzt geht. Diebe verkaufen die Tiere und der Käufer ahnt nichts von dem zuvor erfolgten Diebstahl.

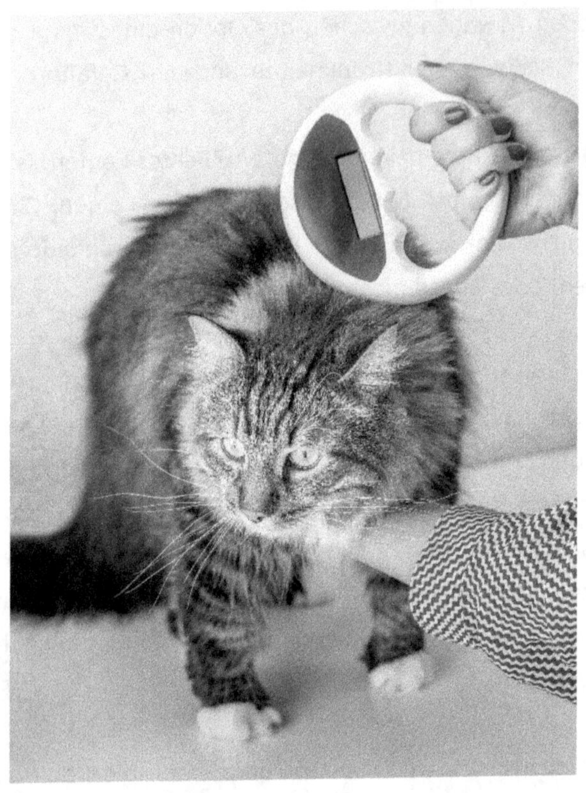

Abbildung 9: Auslesen eines in der Katze implantierten Chips.

Der Chip erfüllt aber auch praktische Funktionen wie das Öffnen von elektronischen Katzentüren und Futternäpfen.

Kastration ist Tierschutz

Der Fortpflanzungstrieb ist im Tierreich oft stärker als Hunger oder Durst. Kater und Katzen, die dem Trieb ausgesetzt sind, trinken und fressen meist nicht. Sie wollen nur eines, sich paaren. Katzen sind dem machtlos mehrmals im Jahr ausgesetzt, wenn sie rollig werden. Kater werden durch rollige Katzen in der Umgebung sexuell aktiv. Es gibt nichts Schlimmeres für die Tiere, als diesem Trieb ausgeliefert zu sein, ohne die Möglichkeit, ihn zu befriedigen.

Leider weigern sich besonders tierliebe Menschen, ihre Katzen oder Kater zu kastrieren. Sie glauben, dass sie den Tieren etwas nehmen, wenn Sie den Geschlechtstrieb auf Dauer unterbinden. Durch eine Kastration bleibt Ihrer Katze oder Ihrem Kater aber viel Leid erspart.

Falls eines der nicht kastrierten Tiere in Freiheit gelangt, kommt es unweigerlich zur Paarung. Ihr Kater sorgt bei einer Katzendame der Umgebung für meist unerwünschten Nachwuchs. Dieser landet, wenn er großes Glück hat in einer Familie, meist aber im Tierheim. Mit Pech werden die Kitten einfach ausgesetzt oder umgebracht. Da Kater sich in dieser Zeit stark mit Artgenossen um die Kätzinnen prügeln, müssen Sie damit rechnen, dass er mehr oder weniger schwer verletzt zu Ihnen zurückkommt. Wenn Ihnen eine Katze entwischt, bringt sie Ihnen die Bescherung ins Haus und Sie haben das zweifelhafte Vergnügen, für bezaubernde Norweger-Mischlinge ein gutes Heim zu finden.

Wenn Sie nicht züchten wollen, lassen Sie die Tiere kastrieren, alles andere ist eine Qual. Viele Züchter geben aus gutem Grund nur kastrierte Tier ab. Es sei denn es handelt sich um zukünftige Zuchttiere. Andere vereinbaren eine Pflicht zur Kastration vor Einsetzen der Geschlechtsreife. Bei Norwegischen Waldkatzen setzt diese bereits mit 6 bis 8 Wochen ein, lange bevor sie mit etwa 3 bis 4 Jahren ausgewachsen sind.

Das Narkoserisiko minimieren

Natürlich bleibt immer ein Narkoserisiko. Es ist bei einem geplanten Eingriff aber deutlich geringer als bei einer Notoperation. Sprechen Sie vor der OP mit dem Tierarzt über die Narkose. Die Gefahr einer Komplikation ist größer, wenn er die Katze mittels Spritze betäubt, da die Dosierung sich nicht so genau anpassen lässt. Im Idealfall gibt es eine Inhalationsnarkose und er überwacht bis zum Aufwachen die Atmung (Atemfrequenz und Sauerstoffsättigung), das Herz-Kreislauf-System (Herzfrequenz, Pulsfrequenz, Blutdruck), die Temperatur und die Reflexe.

Sie können selbst dazu beitragen, das Risiko gering zu halten:

1) Füttern Sie letztmalig 12 Stunden vor der Narkose. Wasser darf die Katze bis 2 Stunden vor dem Eingriff bekommen.
2) Bestehen Sie darauf, dass der Tierarzt die Katze erst nach dem Aufwachen herausgibt.
3) Legen Sie die Katze in eine warme und ruhige Umgebung mit Rückzugsmöglichkeit.
4) Geben Sie erst Futter und Wasser, wenn das Tier wieder normal laufen kann.
5) Wenn es Wundnähte gibt, ziehen Sie der Katze ein Trichterhalsband an, damit Sie die Wunde nicht beleckt oder aufbeißt.

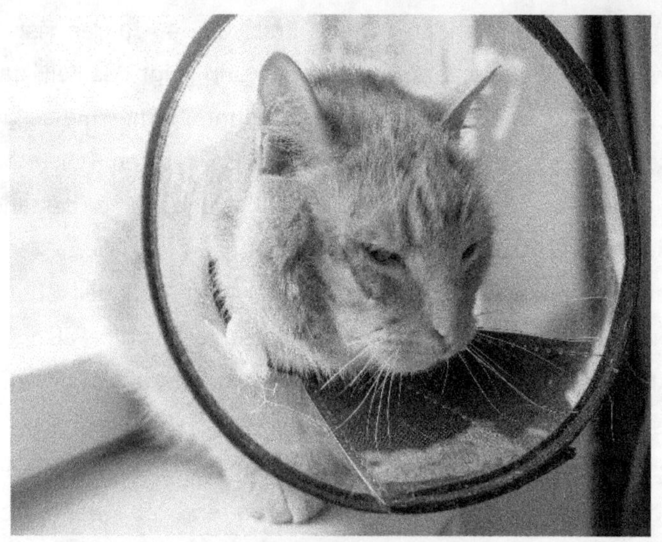

Abbildung 10: Trichterhalsband

Wichtig: Bodys oder Verbände hindern keine Katze daran, an die Wunde zu gelangen. Achten Sie außerdem darauf, dass die Katze keine Klettermöglichkeiten hat, bevor sie wieder sicher auf den Beinen ist.

Eine Norweger Katze anschaffen

Machen Sie sich einige Gedanken über die Herkunft der Katze, die Sie anschaffen wollen. Nicht jeder, der mit Rassekatzen handelt, ist ein Züchter, der seine Tiere liebt.

Babykatze vom Züchter oder ausgewachsene Katze?

Vermutlich träumen Sie von einem süßen kleinen Katzenbaby, denn junge Katzen sind zum Verlieben. Aber sie verändern sich auch mit zunehmenden Alter. Erst ab 4 Jahren ist eine norwegische Waldkatze ausgewachsen und zeigt das Fell, das sie für den Rest des Lebens behält. Sie können daher nie so genau wissen, wie sich ein Kitten entwickelt. Bei älteren Tieren haben Sie außerdem eine größere Sicherheit über eine bestehende erbliche Veranlagung zu Krankheiten.

Ihnen bleiben auch einige Unsitten erspart und der Charakter einer ausgewachsenen Katze ist gefestigt. Es gibt also einige Gründe, eine ausgewachsene Norweger Katze aufzunehmen.

Eines sollten Sie nie machen, ein zu junges Tier zu sich zu holen. Seriöse Züchter geben Kitten ohnehin erst ab, wenn sie ein Mindestalter von 12 Wochen erreicht haben.

Das Mindestalter der Kitten

Idealerweise ziehen Katzenbabys zwischen der 12. - 16. Lebenswoche in ein neues Heim ein. Wenn Sie ein Kätzchen zu einer älteren Katze dazu holen, sollte es 16 Wochen alt sein. Geschwister leben sich auch mit 12 Wochen noch recht gut ein.

Die Idee, dass eine Katze mit 6 bis 8 Wochen von der Mutter getrennt werden kann, rührt daher, dass ab diesem Alter Muttermilch nicht mehr unbedingt erforderlich ist. Aber Kitten, die in dieser Zeit von der Mutter getrennt werden, sind sehr unsicher und verängstigt. Es stimmt nicht, dass sie sich leichter einem Menschen anschließen. Je selbstbewusster ein Kätzchen ist, umso zutraulicher wendet es sich neuen Menschen zu. Für die Persönlichkeitsentwicklung und auch die erste Erziehung muss das Kätzchen alle sensiblen Phasen durchlaufen.

Die Mutter-Kind-Prägung findet zwischen der zweiten und fünften Lebenswoche statt. Diese Phase überschneidet sich mit der Objekt- und Umweltprägung. Die Kätzchen lernen mit Spielzeug umzugehen und Umweltreize einzuordnen. Bald wissen Sie, dass ein Staubsauger laut, aber ungefährlich ist und wozu es ein Katzenklo gibt. In dieser Zeit muss das Tierchen viele Erfahrungen sammeln, daher sollte die Katzenfamilie in einer Menschenfamilie leben.

In dieser Zeit lernen die Kitten auch Menschen als Sozialpartner zu akzeptieren. Im Entwicklungsprozess der ersten 12 Wochen lernen die Kätzchen außerdem Grenzen kennen, denn Katzenmütter dulden nicht jedes Verhalten. Die Kitten dürfen Frust nicht in ungehemmten Aggressionen entladen. So lernen die Tierchen eine Katze zu sein und sich als solche zu verhalten.

Es stimmt übrigens nicht, dass Katzen mit 8 Wochen entwöhnt sind. Sie nehmen zwar feste Nahrung auf, werden aber oft noch weiter gesäugt. Mamas Zitze spendet oft mehr Trost als Milch, denn vieles, was die Kätzchen in dieser Zeit erstmals erleben, verschreckt sie.

Wer eine Katze mit 8 Wochen ins Haus holt, muss damit rechnen, dass sie ihr Leben lang überängstlich ist und zu Aggressionen neigt, wenn sie etwas frustriert ist.

Die passende Katze finden

Entscheiden Sie sich auf keinen Fall für eine bestimmte Rasse, weil sie die Katzen so hübsch finden. Das Tier muss vom Charakter zu Ihnen und den Lebensumständen passen. Norwegische

Waldkatzen sind relativ leise und spielfreudig, aber nicht überdreht. Aber das heißt nicht, dass alle Katzen der Rasse diesen Eigenschaften haben. Treffen Sie die Entscheidung sinnvollerweise nach folgenden Kriterien und achten Sie darauf, dass die Tiere in der Prägungsphase auf das Leben eingestimmt wurden, das sie bei Ihnen erwartet:

- Wohn- sowie Lebensraum
- Freigang oder Hauskatze
- Mitbewohner, Kinder und Besucher
- Tiere im Haushalt
- Zeit, die Sie für die Katze aufbringen können und wollen

Ihre Wohnverhältnisse sollten in etwa denen entsprechen, welche die Kitten kennen. Problematisch ist, Katzen an ein Leben in der Wohnung zu gewöhnen, die überwiegend im Freiland aufwuchsen. Sie kommen mit der Enge und der Reizarmut nicht klar. Umgekehrt ist es etwas einfacher. Kitten, die ein Freigehege nicht kennen, lernen meist schnell den ungewohnten Lebensraum zu erobern.

Die Anzahl und das Alter der Menschen, mit denen die Katze bei Ihnen zusammenlebt, sollte etwa der Gruppe entsprechen, die dem Kätzchen in den ersten Lebenswochen vertraut wurde. Wenn es bei einem älteren ruhigen Paar aufwuchs, sind ihm lärmende und spielende Kinder nicht vertraut. Problematisch ist auch, wenn Kitten nur mit wenigen Menschen Kontakt hatten und bei ihnen Besucher aus und eingehen.

Wenn bei Ihnen Hunde oder Kleintiere leben, fällt es der Katze leichter, sich mit diesen zu arrangieren, wenn Sie bereits als Baby ersten Kontakt mit den Tieren hatte. Falls Sie einen Hund besitzen oder anschaffen wollen, erkundigen Sie sich, ob die Kitten schlechte Erfahrungen mit Hunden hatten. Es besteht die Möglichkeit, dass sie für den Rest des Lebens panisch auf Hunde reagieren. Sofern sie bisher keine Hunde kannten, ist eine Gewöhnung mit etwas Geduld möglich, wie bereits erklärt wurde.

Norweger Katzen sind nicht so sehr auf Menschen fixiert wie beispielsweise Siamkatzen. Sie brauchen weniger Zuwendung, wenn es zumindest eine andere Katze im Haus gibt und der Lebensraum Abwechslung bietet.

Achtung: Unseriöse Anbieter

Rassekatzen sind teuer. Das veranlasst wenig tierliebe Menschen mit Ihnen aus Profitgier zu handeln. Aber ein guter Verdienst ist unmöglich, wenn die Elterntiere und die Kitten gut versorgt und tierärztlich betreut werden. Für diese Menschen zählt nur eines, in kurzer Zeit so viele Würfe zu verkaufen wie nur irgend möglich. Die armen Kätzinnen werden oft dreimal im Jahr gedeckt und Jungtiere viel zu jung von der Mutter getrennt. Das Elend der Tiere sieht kein Käufer, da die Kitten meist in Geschäften oder aus dem Kofferraum heraus verkauft werden. Viele sterben nach wenigen Tagen oder kränkeln den Rest ihres Lebens.

Andere Verkäufer handeln mit gestohlenen Katzen. In Kleinanzeigen geben Sie vor, ein Tier aus Not abgeben zu müssen und einen guten Halter zu suchen. Sie fragen aber nicht nach den Bedingungen, unter denen das Tier bei Ihnen leben soll. Der wirkliche Eigentümer einer Rassekatze hat Papiere oder zumindest einen Impfpass. Das Tier ist gechippt und die Nummer des Chips ist identisch mit der in den Papieren. Kontrollieren Sie die Nummern vor dem Kauf bei einem Tierarzt oder mit einem Scanner. Die Geräte bekommen Sie für etwa 30 Euro.

So erkennen Sie seriöse Verkäufer

1) Ein Züchter sollte höchsten zwei verschieden Rassen züchten und je nach Räumlichkeiten 2 bis 10 Zuchttiere halten.

2) Die Katzenmütter sind mit den Babys in das Familienleben integriert. Sie leben nicht in Ställen auf dem Hof.

3) Sofern der Züchter einen nicht kastrierten Kater hat, ist dieser in einem sauberen separaten Zimmer oder in einem geräumigen Freigehege mit Häuschen. Er sollte zutraulich auf Menschen reagieren.

4) Verkäufer von Notfalltieren müssen die entsprechenden Papiere haben. Sie haben Verständnis, dass Sie die Nummer des Chips kontrollieren.

5) Insgesamt sollte der Verkäufer den Eindruck erwecken, nicht verkaufen zu wollen. Er will wissen, wie es der Katze bei Ihnen gehen wird. Üblich ist, dass er ein Besuchsrecht und bei einem Verkauf an Dritte ein Mitspracherecht vereinbart.

6) Lassen Sie die Finger vom Kauf, wenn Sie nur noch aus Mitleid mit dem Tier kaufen möchten. Informieren Sie die Polizei und den Tierschutz. Sie Unterstützen durch den Kauf tierquälerisches Verhalten.

Katzen aus Tierheimen

Im Tierheim sitzen unzählige Katzen jeden Alters. Zum Teil sind dort auch Rassekatzen zu finden, die aber meist keine Papiere haben. Wer eine Katze anschaffen möchte, sollte also zunächst das örtliche Tierheim kontaktieren.

Die Pfleger kennen die Tiere sehr genau und können Ihnen viel über deren Eigenheiten erzählen. Außerdem gibt es oft die Option, die Katze im Heim oder bei sich zu Hause kennenzulernen, bevor Sie sich endgültig entscheiden.

Hinweis: Die Heime erheben eine Gebühr und schließen meist einen Vertrag mit Ihnen ab. Üblich ist, dass Mitarbeiter des Heims bei Ihnen vorbeikommen, um zu kontrollieren, dass es den Tieren gut geht. In der Regel dürfen Sie die Katzen nicht ohne Zustimmung des Heims an einen anderen Halter weitergeben.

Vorbereitung des Einzugs

Bevor Sie die Katze abholen, müssen Sie einige Anschaffungen tätigen und auch für Sicherheit in der Wohnung sorgen.

Nötige Anschaffungen

Die Transportbox

Kaufen Sie mindestens eine Box, die einer ausgewachsenen Norwegischen Waldkatze ausreichend Platz bietet. Idealerweise ist diese aus Kunststoff, denn in ihr werden Sie auch mal eine blutende Katze oder eine, die sich übergibt, zum Tierarzt bringen müssen. Langfristig sollte für jede Katze eine Box vorhanden sein. Wie im Kapitel „Tierarzt" erwähnt, dient diese optimalerweise auch als Schlafhöhle.

Für den Transport hat sich eine Welpen- oder Inkontinenzunterlage als Unterlage bewährt, weil das Material Feuchtigkeit sicher aufnimmt. Darüber legen Sie ein Handtuch oder eine kuschelige Decke.

Näpfe und Brunnen

Besorgen Sie pro Tier zwei Näpfe aus Glas oder Keramik. Diese sind schwerer als Metall- oder Kunststoffnäpfe und können nicht so leicht umfallen oder verschoben werden. Zusätzlich brauchen Sie ein Wassernapf oder zwei Wassernäpfe. Auch ein Trinkbrunnen ist eine lohnende Anschaffung.

Tipp: Beschaffen Sie außerdem abwaschbare Unterlagen, die Sie unter die Näpfe legen.

Katzenklo

Katzen schätzen es, das große und das kleine Geschäft an verschiedenen Stellen zu verrichten. Sie sind aber bereit, das Katzenklo zu teilen. Als Faustregel gilt daher, dass eine Katzentoilette mehr vorhanden sein muss als Katzen im Haus leben.

Menschen lieben es, das Katzenklo zu verstecken oder zumindest eines mit Haube zu verwenden. Katzen wollen aber die Umgebung im Blick behalten. Manche weigern sich, eine Toilette zu nutzen, wenn sie von dort keinen Überblick haben.

Abbildung 11: Katzenklo mit Haube, ©rgladel

Bieten Sie der Katzen zunächst ein Katzenklo der gleichen Bauart an, die sie schon kennt. Später können Sie sich an ein Modell herantasten, das Ihnen und der Katze zusagt. Die Auswahl ist riesig und hier gilt einfach Versuch macht klug.

Noch empfindlicher sind Katzen bezüglich des Streus. Wenn möglich, bleiben Sie bei der Sorte, welche das Tier kennt. Falls Sie umstellen wollen, denken Sie daran, dass eine abrupte Umstellung selten gelingt. Sie werden also die neue Sorte dezent unter die Produkte mischen müssen, die Ihre Katze kennt.

In der Tabelle finden Sie eine Übersicht über die aktuell am Markt erhältlichen Sorten.

Typ	Empfehlung	Säubern des Katzenklos
nicht klumpendes organisches Streu	+ staubt nicht + sehr saugfähig + kompostierbar + oft über das WC zu entsorgen - mittelmäßige Geruchsbindung **Kann problematisch sein, weil das Streu an den Haaren zwischen den Zehen kleben könnte.**	Mit Gitterschaufel täglich Kot entfernen und bei Bedarf auffüllen. Wöchentlich Klo auswaschen und Streu austauschen.
klumpendes organisches Streu	+ staubt nicht + sehr saugfähig + kompostierbar + oft über das WC zu entsorgen - mittelmäßige Geruchsbindung **Klebt meist an den Haaren zwischen den Zehen. Viele Waldkatzen mögen das Streu nicht.**	Mit Gitterschaufel täglich Kot und Klumpen entfernen und bei Bedarf auffüllen. Alle 2 Wochen das Klo auswaschen und Streu austauschen.

Silikatstreu	+ staubt nicht + sehr saugfähig + ausgezeichnete Geruchsbindung - raschelt, kann die Katze erschrecken. **Ideal für die Norwegische Waldkatze**	Mit Gitterschaufel täglich Kot entfernen. Streu etwa alle 4 Wochen komplett erneuern und Klo auswaschen. Unbedingt über den Hausmüll entsorgen.
nicht klumpendes mineralisches Streu	+ sehr saugfähig + recht gute Geruchsbindung - staubt **Wegen des Staubs ist es weniger geeignet. Viele Norweger lehnen das Streu ab, weil es an den Haaren zwischen den Pfoten kleben kann.**	Mit Gitterschaufel täglich Kot entfernen. Streu mindestens wöchentlich auswechseln und Klo auswaschen. Unbedingt über den Hausmüll entsorgen.
klumpendes mineralisches Streu	+ sehr saugfähig + recht gute Geruchsbindung - staubt **Staub belastet das Fell und außerdem bleiben die Klumpen oft an den Haaren zwischen den Zehen hängen. Viele Norweger lehnen es daher ab.**	Mit Gitterschaufel täglich Kot sowie Klumpen entfernen und das Streu nachfüllen. Streu mindestens wöchentlich komplett erneuern und das Klo auswaschen. Unbedingt über den Hausmüll entsorgen.

Katzenmöbel

Die meisten Katzen brauchen nicht unbedingt einen Kratzbaum. Es genügt, andere Klettermöglichkeiten zu bieten. Da die Norwegische Waldkatze das Klettern aber sehr liebt, sollte ein raumhoher stabiler Kratzbaum vorhanden sein.

Ein normaler Kratzbaum aus dem Handel ist dem Ansturm einer ausgewachsenen Waldkatze kaum gewachsen, zumal die Tiere oft mit Schwung auf den Baum springen. 7 bis 9 kg schwere Katzen, die mit Wucht an den Baum springt, halten die Gebilde, die meist aus Pappröhren bestehen, nicht aus. Fragen Sie den Züchter nach einer Quelle, woher es seine Kratz- und Kletterbäume bezieht.

Sie können einen Baum auch selber bauen. Dabei sind Naturmaterialien aus dem Wald Produkten aus dem Baumarkt vorzuziehen.

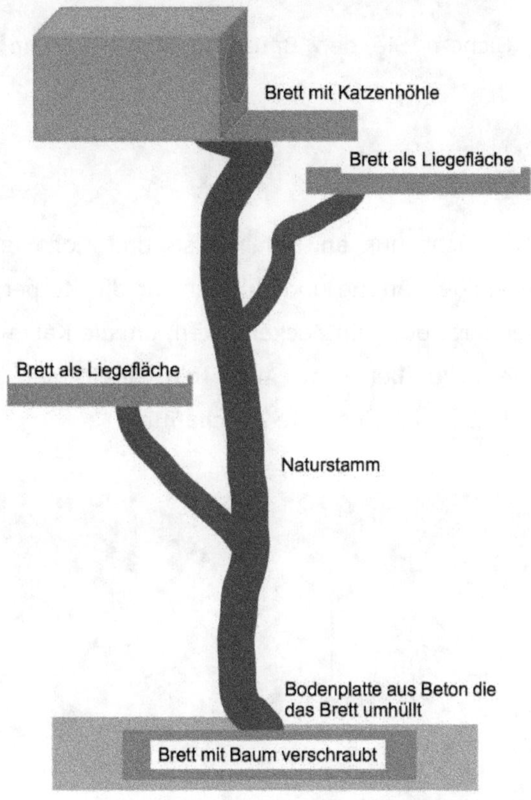

Abbildung 12: Skizze Kratzbaum

Basis für den skizzierten Kratzbaum ist ein verzweigter Baum oder ein sehr starker Ast. Je mehr Verzweigungen umso besser. Bringen Sie an geeigneten Stellen Bretter als Liegeplätze oder Katzenhöhlen an. Für Stabilität sorgt die Bodenplatte aus Beton, in die ein Brett, an dem der Baum verschraubt wurde, eingegossen wird. Um der Katze verschiedene Reize anzubieten, hat der Baum vielleicht sogar noch teilweise Rinde. Wählen Sie für die Liegeflächen verschiedene Materialien und umwickeln Sie einen Teil der Äste mit Sisalseil.

Wichtig: Sichern Sie den Baum zusätzlich an ein oder zwei Wänden.

Spielzeuge

Denken Sie nicht nur an Spielmäuse und Co. Sie brauchen außerdem einige Kämme und Bürsten für die Körperpflege und eine Zeckenkarte oder ein Zeckenhaken, um die Katze von diesen Spinnentieren zu befreien. Auch ein Brieföffner mit innen liegendem Messer ist eine gute Anschaffung.

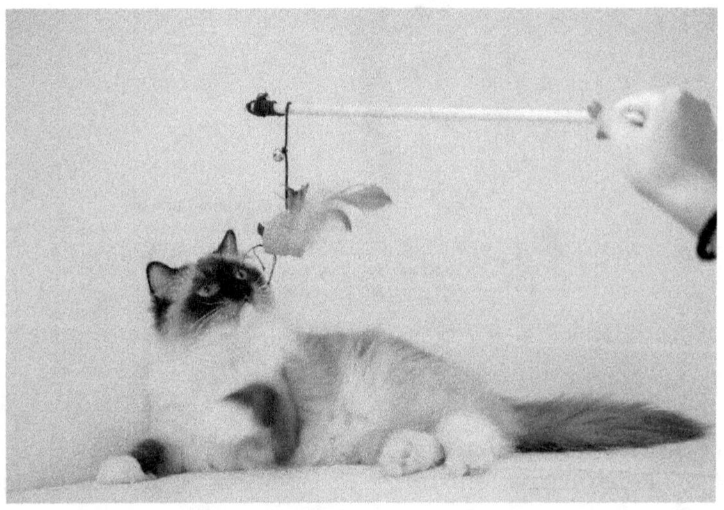

Abbildung 13: Katze spielt mit selbstgebastelten Spielzeug.

Wenn Sie mit Ihrer Katzen an der Leine gehen möchten, brauchen Sie auch ein Katzengeschirr. Achten Sie darauf, dass es sich wirklich um ein Geschirr für Katzen handelt, denn oft werden Hundegeschirre für Katzen angeboten. Diese sind weder sicher noch komfortabel. Ein Katzengeschirr hat einen Hals-, Brust- und

Bauchgurt und lässt sich auch in der Rückenlänge verstellen. Gut sind auch Modelle, die an Westen oder Bodys erinnern. Da Katzen sehr jung an die Leine gewöhnt werden müssen, sollten Sie mit der Anschaffung nicht warten.

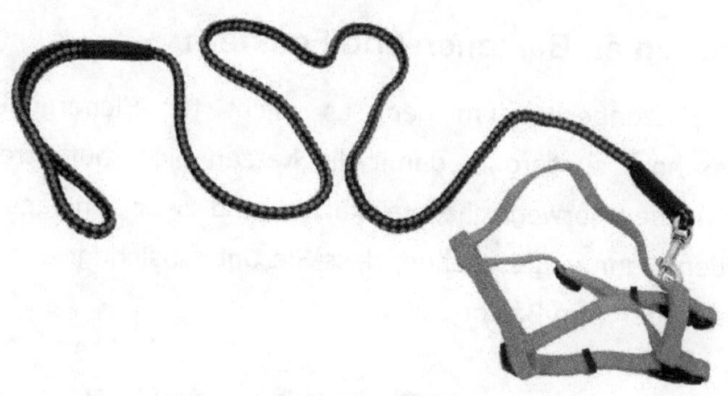

Abbildung 14: Katzengeschirr für Freigänger nutzen.

Hinweis: Katzen lieben die Jagd auf den roten Punkt, den ein Laserpointer erzeugt. Leider kann sie blind werden, wenn sie in den Pointer schaut. Besser sind daher LED-Pointer. Das Licht schadet nicht. Sie werden das Licht oft nicht gut sehen können, das macht nichts, denn die Katze sieht es.

Über den Schlafplatz entscheidet Ihre Katze meist selber. Manche bevorzugen kuschelig weiche Unterlagen. Es gibt aber auch Exemplare, die so etwas kategorisch ablehnen. Sie wechseln empört den Ruheplatz, sobald sich der Mensch erdreistet, eine Decke oder ein Kissen darauf zu legen. Sie brauchen in erster Linie ein Lager für die Katze, wenn Sie das Tier nicht in Ihrem Bett dulden. Sie bieten also eine Alternative an, ob die Katze diese annimmt oder sich einen anderen Platz sucht, wird ich zeigen.

Die Wohnung sichern

Auch eine kindersichere Wohnung ist für eine Katze ein gefährlicher Aufenthaltsort. Dies gilt besonders für unerfahrene Jungtiere.

Gefahren an Balkonen und Fenstern

Viele Katzenbesitzer meinen, es reicht für Sicherungen im Erdgeschoss zu sorgen, damit die Katzen nicht auf Streifzüge gehen. Aber Norwegische Waldkatzen sind zwar sehr geschickt, trotzdem kann es geschehen, dass Sie unbeabsichtigt aus einem Fenster oder vom Balkon fallen.

Abbildung 15: Achtung vor Balkon oder offenen Fenster

Bringen Sie Netze oder Gitter an. Im Handel bekommen Sie ausgezeichnete Sicherungssysteme, die Sie einfach montieren können. Bedenken Sie, dass die Katzen hoch springen und ausgezeichnet klettern können. Sie überwinden ein Gitter mit Leichtigkeit, daher muss es eine Öffnung komplett verschließen.

Eine besondere Gefahr geht von Fenstern in Kippstellung aus. Wenn der Kopf durch die Öffnung passt, wird Ihre Waldkatze versuchen durchzuspringen oder zu klettern. Dabei rutscht sie nach unten, wo der Spalt sich verjüngt. Das arme Tier quetscht sich durch das eigene Körpergewicht innere Organe. Das endet leider sehr oft tödlich.

Achtung Gift

„So etwas habe ich nicht im Haus", denken Sie vielleicht. Allerdings ist vieles für Katzen hochgiftig, was uns Menschen bekommt. Auch Putz- und Reinigungsmittel sowie Blumendünger führen zu Vergiftungen. Stellen Sie solche Produkte in einen verschließbaren Schrank oder sichern Sie die Schranktür mit einer Kindersicherung. Normale Türen und Schubladen stellen für eine Norwegische Waldkatze kein Hindernis dar.

Bedenken Sie, dass auch das Wasser, das nach dem Gießen im Untersetzer steht, giftig für Katzen sein kann. Wässern Sie Pflanzen daher von oben und verwenden Sie Übertöpfe statt Untersetzer. Natürlich gehören nur die Pflanzen in einen Katzenhaushalt, die für Katzen garantiert ungiftig sind. Bei der Vielzahl von verschiedenen Zimmerpflanzen ist es kaum möglich, alle giftigen Sorten aufzuzählen. Bananenpflanzen, Gräser und Bergpalmen sind auf jeden Fall bekömmlich. Azalee, Calla, Efeu und Kalanchoe sind giftig.

Der Tabelle können Sie weitere Produkte entnehmen, die für Katzen giftig sind.

Produkt	Giftige Substanz	Symptome
Avocado	Persin	<ul><li>Atemnot</li><li>Husten</li><li>Bauchwassersucht</li><li>Unterhautödeme</li><li>erhöhte Herzfrequenz</li></ul>**Endet oft tödlich.**
Schokolade Kakao	Theobromin	<ul><li>Durchfall</li><li>Erbrechen</li><li>geschwollener Bauch</li><li>unruhiges Verhalten</li><li>Krampfanfälle</li><li>Herz-Kreislauf-Probleme</li></ul>**Kann tödlich enden.**
Schweine- fleisch	Kann Aujeszky- Viren enthalten. Es ist nicht geklärt, ob Hitze es abtötet.	1) Erbrechen 2) Unruhe 3) Häufiges miauen 4) Speicheln 5) Aggressives Verhalten 6) Juckreiz 7) Bewegungsstörungen 8) Lähmung **Virusinfektion endet tödlich.**
Steinobst Weintrauben	Enthält Toxine, die sich zu Blausäure entwickeln können	<ul><li>Erbrechen</li><li>Herzklopfen</li><li>Atembeschwerden</li></ul>
Thunfisch Leber	Methylquecksilber Vitamin A	<ul><li>Nierenproblemen</li><li>Fettleber</li><li>Herzerkrankungen</li><li>Augenerkrankungen</li></ul>**Ist gelegentlich in kleinen Mengen unschädlich.**

Zwiebeln Schnittlauch Knoblauch	Schwefel-verbindungen zerstören die roten Blutkörperchen.	<ul><li>Durchfall</li><li>Erbrechen</li><li>erhöhte Atem- und Herzfrequenz der Samtpfoten</li><li>blasse Schleimhäute</li><li>Urin dunkel verfärbt</li></ul>**Kann tödlich enden.**

Manches willkommene Spielzeug ist zwar nicht giftig, kann trotzdem für eine Katze gefährlich werden. Nähnadeln, Zwirn, Gummibänder, Lametta und Plastiktüten können die Katze ersticken oder zu Verdauungsproblemen führen. Kleine Spielzeuge aus Weichplastik bergen ebenfalls Gefahren. Manche Katzen sind ganz verrückt auf diese Kunststoffe und fressen die Spielzeuge. Im Magen entweichen die Weichmacher und die Teile verwandeln sich in harte und scharfe Splitter.

Nichts Gutes kommt von oben

Als geschickte Kletterer machen erwachsene Waldkatzen selten etwas kaputt. Sie werfen auch nicht aus Versehen etwas aus einem Regalfach, aber sie können eine solche Aktion als Spiel auffassen. Natürlich können auch erfahrene Norweger nicht ahnen, dass ein Kabel sich nicht als Kletterhilfe eignet. Die Katzen können auch einen Computer vom Tisch reißen, wenn sie an den verlockenden Kabeln spielen. Solche Gefahren sind Katzen fremd.

Lassen Sie keine schweren oder zerbrechlichen Dinge in offenen Regalen stehen. Sichern Sie Geräte wie Fernseher, Entertainmentanlagen, PCs und Drucker gegen Abstürze. Hilfreich ist es, die Kabel mit kleinen Schraubzwingen an Tischen beziehungsweise Regalböden zu befestigen.

Die Katze zieht ein

Im Idealfall kennt die Katze Sie bereits und Sie haben ein Tier ausgesucht, das bereits unter ähnlichen Bedingungen lebte.

Abholen der Norwegischen Waldkatze

Versetzen Sie sich in die Lage der Katze. Wie würden Sie es finden, wenn ein Riese in Ihre Wohnung kommt, sie in eine Kiste packt und mitnimmt. Der Umzug sollte sanft und stressfrei ablaufen, auch im Hinblick auf spätere Transporte zum Tierarzt.
Stellen Sie das Transportbehältnis beim Verkäufer auf. Die Katzen sollen sich hineinlegen können. Neugierig wie Norwegische Waldkatzen sind, werden Sie das unbekannte Teil schnell erobern.

Vergewissern Sie sich, dass nur die Kitten in der Box sind, die zu Ihnen ziehen und schließen Sie die Tür des Behältnisses. Schon kann die Reise losgehen.

Lassen Sie sich Futter und etwas gebrauchtes Einstreu mitgeben. Manche Züchter sind auch bereit, ein Katzenklo mit zu verkaufen, um die Eingewöhnung zu erleichtern.

Wichtig: Wenn Sie Kitten erwerben, die zusammen aufwuchsen, transportieren Sie die Tiere zusammen in einer Box. Da gibt ihnen Sicherheit. Fremde Katzen (egal welchen Alters) dürfen Sie nicht einfach zusammensetzen. In der Enge der Box können sich die Tiere nicht aus dem Weg gehen. Es kann zu einem heftigen Kampf kommen.

Die Eingewöhnung

Sorgen Sie für eine ruhige Umgebung. Menschen, die sich mit lautem Entzückensschrei auf das Kätzchen stürzen, machen den Tieren Angst. Oberstes Gebot ist, dass niemand die Neuankömmlinge aus der Box zerrt, selbst dann nicht, wenn eine der Katzen darin ihr Geschäft gemacht hat.

Stellen Sie das Katzenklo, in dem etwas gebrauchte Einstreu auf frischem Streu liegt, gut sichtbar vor die Box. Auch ein Wassernapf und Futter sollte in Sichtweite vorhanden sein. Dann öffnen Sie die Tür des Transportbehälters und ziehen sich zurück.

Beobachten Sie, was nun geschieht. Vermutlich wird die Katze sich recht schnell umsehen und das Katzenklo nutzen. Nähern Sie sich, aber gehen sie nicht auf das Tier direkt zu. Wenn es kein Interesse an Ihnen zeigt, spielen Sie mit einer Schnur oder einem Federspiel, ohne die Katze zu beachten oder in das Spiel einzubeziehen. Sie wird nach kurzer Zeit mitspielen.

Lassen Sie die Katze an ihrer Hand schnuppern und versuchen Sie, ob sie sich streicheln lässt. Eine Norwegische Waldkatze, die in einer Familie aufwuchs, wird sich schnell den Menschen in ihrer neuen Umgebung zuwenden.

Erziehung und Dressur

Auch wenn das Kätzchen noch so süß ist, ohne Erziehung wird das Zusammenleben mit ihm zum Stress. Beginnen Sie so früh wie möglich damit.

Abgrenzung zwischen Dressur und Erziehung

Erziehung ist ein Muss. Das heißt, die Katze muss gehorchen. Sie arbeiten mit einer milden Strafe, wenn das Tier nicht das macht, was es soll. Es versteht sich von selbst, dass es nur wenige klare Regeln geben darf, die aber konsequent eingehalten werden müssen. Das Erziehen dient der Sozialisation, also der Integration der Katze in die Familie.

Dressur muss nicht sein. Sie dient der Beschäftigung der Katze und beugt Langeweile vor. Norwegische Waldkatzen, die einen großen Auslauf und viel Abwechslung haben, brauchen keine Dressur. Eine reine Wohnungskatze, der nur ein Balkon zu Verfügung steht, wird sich auf die Übungen freuen. Dressur ist in jeglicher Hinsicht freiwillig. Wenn die Katze einen Befehl ausführt, bekommt sie eine Belohnung. Befehlsverweigerung bleibt ohne Strafe.

Sozialisation der Katze

Abbildung 16: Noch so klein und schon beginnt die Erziehung

Verschiedene Verbote muss eine Katze akzeptieren, sonst wird das Zusammenleben mit Ihr unerträglich. Sie muss auch einiges erdulden, was ihr nicht gefällt.

Verbote durchsetzen

Ihre Norwegische Waldkatze braucht eindeutige und klare Regeln. Sie wird nicht verstehen, wenn Sie manchmal etwas darf und ihr dieses bei anderer Gelegenheit verboten wird. Bedenken Sie auch, dass Ausschimpfen eine Art der Aufmerksamkeit ist. Ihre Katze könnte also ein Verbot übertreten, weil sie Ihre Reaktion provozieren will. Eine Katze zur Strafe zu Schlagen oder mit Wasser zu bespritzen ist sinnlos. Sie wird es als ein „Ausrasten des Menschen" ansehen und nicht auf sich beziehen. Der oft angepriesene Wasserspritzer, um eine Katze von etwas abzuhalten, wirkt nur, wenn er dazu dient, die Katze zu erschrecken und das Tier nicht merkt, woher das Wasser in Wirklichkeit kommt.

Beispiel: Ihr Norweger räumt regelmäßig ein Regal aus. Sie spritzen mit einer Wasserpistole auf das Tier, um ihm das abzugewöhnen.

Wenn dies sofort und jedes Mal geschieht, sobald die Katze damit beginnt, geht sie davon aus, dass dies die Folge ihrer Aktion ist. Sie lernt, die Sachen im Regal nicht anzurühren.

In der Realität sieht es aber anders aus. Ihre Katze beginnt damit, das Regal auszuräumen. Sie sagen etwas zu ihr und Spritzen das Tier nass. Vielleicht gelingt es Ihnen sogar sofort zu reagieren, aber Sie werden es kaum schaffen, sofort mit der Wasserpistole zur Stelle zu sein.

Ihre Katze lernt, dass der Wasserspritzer keine Folge Ihrer Handlung ist, also warum sollte sie damit aufhören. Die klugen Tiere wissen genau, dass Sie dahinter stecken. Sie wird die Handlung immer dann ausführen, wenn sie eine Reaktion provozieren will oder wenn kein Mensch in der Nähe ist.

Das Beispiel zeigt deutlich, worauf es bei der Erziehung ankommt. Auf Konsequenz und auf ein Unterbrechen der verbotenen Tätigkeit. Sie müssen dafür nicht ständig mit einer Wasserpistole bewaffnet sein, zumal das Fell eine Norweger Katze ziemlich wasserdicht ist. Ein paar Tropfen Wasser beeindrucken wenig.

Legen Sie schon vor den Einzug der Katze ein Regelwerk fest, an das sich alle Mitglieder im Haushalt halten müssen. Nur so lernt eine Katze, dass Verbote immer gelten.

- Erstellen Sie eine Liste mit Handlungen, die Ihrer Katze verboten sind.
- Schwören Sie alle Personen darauf ein, die Verbote durchzusetzen.
- Unterbrechen Sie die Handlung sofort, wenn Ihre Katze ein Verbot übertritt.
- Bestrafen Sie anschließend durch Ignorieren.
- Sperren Sie die Katze aus, wenn Sie sofort wieder das Verbot übertritt.

Anwendung in der Praxis:

- ✓ Die Katze darf nicht in Ihrem Bett schlafen, aber im Bett Ihres Bruders. Das kann sie unterscheiden, denn es gibt eine klare Verknüpfung. Bett A ist verboten, Bett B erlaubt.

- ✓ Die Katze darf aber grundsätzlich nicht in die Gardine klettern oder am Tisch betteln. Sie wird das nicht akzeptieren, wenn auch nur eine Person im Haushalt die Handlung erlaubt.
- ✓ Unterbrechen der Katzenhandlung heißt, das Tier wortlos zu nehmen und auf einen erlaubten Platz zu tragen. Jeder im Haushalt muss so handeln.
- ✓ Wenn die Katze protestiert oder es immer wieder versucht, tragen Sie sie in ein anderes Zimmer oder den Flur und schließen die Tür.
- ✓ Ignorieren Sie das Protestgeschrei, bis die Katze aufgibt.

Was die Katze ertragen muss

Bürsten, eine Kontrolle von Augen, Ohren, Maul und Pfoten sollte jede Katze dulden. Legen Sie fest, wer so etwas mit der Katze einübt, denn das Tier soll nicht ständig mit etwas konfrontiert werden, was es nicht mag.

Wenn sich die Katze wehrt, setzen Sie unbeirrt die Tätigkeit fort. Sie darf durch den Widerstand kein Erfolgserlebnis haben.

Beginnen Sie bereits bei Kitten mit den Übungen und überfordern Sie die Katze nicht. Mit Geduld kann eine Norweger Katze sogar lernen, eine Rasur über sich ergehen zu lassen, die aufgrund einer Ultraschalluntersuchung nötig wird.

Beginnen Sie damit, die junge Katze daran zu gewöhnen, ruhig auf dem Rücken zu liegen. Wenn das klappt, soll Sie eine Berührung mit einem Rasierapparat dulden. Erst wenn sie das nicht mehr ängstigt, wird das Gerät kurz angeschaltet. Bitte den

Scherkopf abgedeckt lassen. Jede Übungseinheit sollte nicht länger als 30 bis 120 Sekunden dauern. Es gibt eine Belohnung, wenn die Katze die Einheit ohne Protest erlaubt. Gegenwehr darf aber nicht zum Abbruch der Übung führen.

Versuchen Sie etwas zunächst Unangenehmes in ein positives Erlebnis zu verwandeln. Legen Sie beispielsweise das Geschirr an und spielen Sie anschließend intensiv mit der Katze. Sie wird das Geschirr mit dem schönen Spiel verbinden. Ein Spaziergang ist zunächst keine Belohnung, denn er ängstigt das Tier vermutlich. Führen Sie die Katze behutsam in die neue Welt. Es genügt, wenn die Katze zunächst nur in der geöffneten Tür sitzt. Lassen Sie das Tier bestimmen, wann es wie weit gehen mag.

Wer erzieht wen? - Typische Fehler bei der Erziehung

Sie ahnen nach den Erklärungen sicher schon, wie Ihre Katze es schafft, Sie zu erziehen. Das Tier ist in der Regel deutlich konsequenter als Sie und lernt schnell, wie es eine erwünschte Reaktion bei Ihnen auslöst. Sie wollen beispielsweise ungestört telefonieren. Ihre Katze möchte aber spielen. Also beginnt sie, Gegenstände aus einem Regal zu werfen. Die clevere Katze weiß genau, dass Sie das Telefonat nun unterbrechen. Sie bringen die Katze ins Körbchen und telefonieren weiter. Besser gesagt, Sie wollen wieder zum Hörer greifen und Ihre Katze ist schon wieder im Regal beschäftigt. Irgendwann geben Sie auf und spielen mit Ihr oder geben ein Leckerchen, damit sie Ruhe gibt. „Toll" sagt sich die Katze „Man muss nur konsequent sein, dann macht der Mensch, was ich will.".

Eine verbotene Handlung darf nie zu einem Erfolg führen. Sperren Sie die Katze in einen Raum, in dem sie keinen Schaden anrichten kann, statt ihr nachzugeben. Gleiches gilt, wenn die Mieze meint, dass Sie nachts um 4 aufstehen sollen, um sie zu füttern. Ihre Katze verhungert nicht, wenn sie erst ein paar Stunden später etwas zu fressen bekommt. Falls Sie entnervt nachgeben, machen Sie sich darauf gefasst, künftig jede Nacht aufstehen zu müssen, um die Katze zu füttern.

Dressur der Katze

Vielleicht fragen Sie sich, warum Sie eine Katze dressieren sollen, denn Sie wollen nicht im Zirkus auftreten. Der Grund ist einfach: Das Leben bei Ihnen ist im Vergleich zur Wildnis reizarm. Eine kluge Katze langweilt sich. Aus diesem Grund dressieren Zoos viele der Tiere, denn lange Weile führt zu Verhaltensstörungen. Ihre Katze wird entweder apathisch oder hyperaktiv. Nichts ist vor ihr sicher. Manche Tiere werden auch aggressiv und beißen.

Dressur und Belohnung gehören zusammen. Wenn Sie ausschließlich mit schmackhaftem Futter belohnen, ist Ihre Katze nach dem Training satt und hat meist keine ausgewogene Mahlzeit genossen. Aus diesem Grund ist es sinnvoll, wenn Sie die Katze zunächst auf das Klickertraining vorbereiten.

Klickertraining

Der Sinn dieser Methode ist es, dass Ihre Katze ein Geräusch als Belohnung empfindet. Der Ton darf natürlich nicht ohnehin in der Umgebung ertönen. Ein Glockenklang ist beispielsweise wenig geeignet, da er einer Türklingel oder dem Stundenschlag einer Uhr ähnelt. Daher verwenden Sie einen kleinen Apparat, den Klicker, den es im Zoofachhandel gibt. Dieser erzeugt ein unverwechselbares Geräusch.

Ihre Norweger Katze muss nun natürlich erst lernen, das Geräusch als Belohnung zu akzeptieren. Das erreichen Sie durch eine sogenannte Konditionierung. Der russische Forscher Iwan Petrowitsch Pawlow hat diese Methode erstmals bei seinen Hunden angewendet und damit bewiesen, dass Tiere Geräusche mit einer Erwartung verbinden. Er hat regelmäßig bei der Fütterung seiner Hunde eine Glocke ertönen lassen. Nach einiger Zeit regte der Glockenklang den Speichelfluss der Hunde an, was immer passierte, wenn sie Futter erwarteten. Für die Hunde machte es keinen Unterschied, ob sie einen gefüllten Napf sahen oder ob sie nur die Glocke hörten.

Abbildung 17: Das Klickertraining

Mit dieser Methode konditionieren Sie Ihre Katze darauf, einen Klick mit einem Leckerli und somit mit einer Belohnung zu verbinden.

1) Halten Sie den Klicker und ein Leckerchen versteckt jeweils in einer Hand. Ihre Katze soll beides nicht sehen können.

2) Nun lenken Sie die Aufmerksamkeit der Katze auf sich. Sie soll Sie interessiert fixieren.

3) Geben Sie nun die Leckerei und erzeugen Sie gleichzeitig ein Geräusch mit dem Apparat.

4) Wiederholen Sie die Übung etwa fünf- bis zehnmal am Tag.

Nach etwa einer Woche verbindet die Katze den Ton mit der Belohnung. Da Ihre Waldkatze auch lernt, dass ein Geräusch nichts zu fressen ist, sollten Sie bei der Dressur nicht ausschließlich klickern. Geben Sie etwa bei jedem 10. Lob auch ein Leckerchen.

Artgerechte Kunststücke

Der Trick ist eine Handlung, die Ihre Katze ohnehin ausführt, mit einem Kommandowort zu verknüpfen oder Ihre Katze spielerisch zu animieren, etwas zu tun.

Hier sind einige Beispiele:

i. Jede Katze kommt sofort zu Ihnen, wenn Sie mit der Tüte rascheln in der Leckerchen sind. Sagen Sie dabei „Komm".

ii. Norwegische Waldkatzen können ausgezeichnet springen. Sagen Sie „Hopp", wenn Sie bemerken, dass Ihre Katze zu einem gewaltigen Sprung ansetzt. Geben Sie Ihr eine Belohnung.

iii.   Ihre Katze setzt sich erwartungsvoll hin, sobald Sie eine Dose mit Futter öffnen. Sagen Sie „Sitz" und geben Sie eine Belohnung.

So einfach konditionieren Sie eine Katze auf Kommandoworte.

<u>Tipp</u>: Wenn Sie zusätzlich eine Geste einführen, reagiert das Tier meist auch auf diese. Es ist egal, was Sie dabei sagen. Weisen Sie beispielsweise mit der Hand nach unten, wenn sich die Katze setzt. Sobald deutlich wird, dass Ihre Katze auf ein Zeichen reagiert, erfinden Sie dazu neue „Kommandowörter". „Was macht das Baby, wenn es das Töpfchen sieht?". Zur Verblüffung der Zuschauer setzt sich die Katze hin. Sie reagiert auf Ihr Handzeichen, nicht auf die Worte.

Bauen Sie das Gelernte aus:

- Ihre Katze will ein Leckerchen erreichen, das Sie in der Hand halten. Heben Sie die Hand, damit sie sich auf die Hinterbeine stellen muss, um daran zu gelangen. Sagen Sie als Kommando „Mach Männchen" Oder „Hoch".
- Verbergen Sie die Leckerei in der Hand. Ihre Katze wird nach einiger Zeit mit der Pfote an die Hand stoßen. Sagen Sie „Gib Pfötchen". Vielleicht stupst sie die Katze mit der Nase an der Hand an. Hier passt das Kommando „Gib Handkuss".
- Die geschickten Norweger Katzen werden der Hand folgen. Nutzen Sie dies aus, um sie auf einem schmalen Brett balancieren zu lassen.
- Es irritiert die Katze nicht, wenn Sie einen großen Reifen in die Flugbahn beim Sprung halten. So erwecken Sie den Eindruck, als hätte das Tier gelernt, durch einen Reifen zu springen.

Sinn der Übungen ist die intensive Beschäftigung mit der Katze. Das Tier wird die Aufmerksamkeit und Übungen genießen. Außerdem setzt ein Lerneffekt ein, denn das Tier verknüpft Worte und Gesten mit Handlungen.

Plötzliche Verhaltensprobleme

In Ihren Augen spinnt die Katze plötzlich. Für diese ist das Verhalten aber oft ganz normal. Ihre Katze pinkelt beispielsweise ohne Grund auf neue Möbel. Doch sie hat meist einen Grund. Sie möchte den ihr unangenehmen Geruch vertreiben.

Unsauberkeit hat fast immer eine konkrete Ursache. Zum Beispiel:

- Das Katzenklo nicht sauber.
- Es steht an einem ungünstigen Platz. Dort findet sie keine Ruhe.
- Die Katze lehnt die Einstreu ab.
- Etwas beunruhigt sie und daher markiert sie das Revier verstärkt.
- Das Tier hat Harnwegprobleme.

Ihre Katze teilt Ihnen also mit, dass etwas nicht stimmt. Es ist an Ihnen herauszufinden, was konkret gemeint ist.

Körperliche Ursachen zeigen sich oft außerdem durch Blut im Stuhl oder im Urin. Auch häufige erfolglose Versuche Kot und Harn abzusetzen, sind ein Hinweis. Sie sollten einen Tierarzt aufsuchen.

Sofern die Katze nicht krank ist, hilft fast immer eine vermehrte Beschäftigung mit dem Tier. Langeweile führt zum Teil zu extremen Aktionen der Katze. Außerdem können Sie mit Gerüchen arbeiten.

Da Katzen Ihr Revier durch Duftstoffe markieren, die Sie über Drüsen zwischen den Zehen und an den Wangen verbreiten, können Sie über Gerüche das Wohlbefinden erhöhen. Rosmarin, Lavendel, Melisse oder römischer Kamille wirken beruhigend. Sie können natürliche Kräuter oder Essenzen in Potpourris oder Duftlampen einsetzen. Wirkungsvoller sind Steckdosenzerstäuber mit synthetisch nachgebildeten Wohlfühlhormonen (Pheromonen). Im Handel erhalten Sie verschiedenen Varianten zur Entspannung, zum Eingewöhnen und für Harmonie.

Wenn Ihre Norwegische Waldkatze gesund, aber antriebslos ist, weil Sie vielleicht einer Bezugsperson nachtrauert, geben Sie ein Spielzeug zusammen mit Baldrian oder Katzenminze in einen dicht schließenden Beutel. Nach wenigen Tagen hat das Spielteil den Geruch angenommen. Ihre Katze wird sofort damit spielen. Bitte verteilen Sie diese Gerüche nie über Verdunster oder Duftlampen im Raum. Das würde zu einer Reizüberflutung führen. Katzen kommen nicht mehr zur Ruhe.

Anhang

Die Umstellung des Futters

Auch wenn Ihre Katze an das beste Katzenfutter der Welt gewöhnt ist, sollte sie lernen, drei bis vier Futtersorten zu akzeptieren. Immerhin kann es immer geschehen, dass ein bestimmtes Futter nicht mehr erhältlich ist. Aber gehen Sie behutsam bei der Umstellung vor. Viele Katzen reagieren mit Durchfall oder Erbrechen, wenn sie plötzlich ein ungewohntes Futter bekommen. Andere Katzen sind stur und verweigern die Nahrungsaufnahme.

Vorsicht: „Hunger ist der beste Koch" kann bei Katzen lebensgefährlich sein. Ohne regelmäßige Eiweißzufuhr droht eine hepatische Lipidose (Fettleber). Die Krankheit kann tödlich enden, selbst bei tierärztlicher Behandlung. Besonders übergewichtige Katzen neigen zu dieser Krankheit.

<u>Gehen Sie lieber nach dieser Methode vor:</u>

1. Wählen Sie zunächst zwei bis drei Futtersorten aus, die Ihre Norwegische Waldkatzen künftig fressen soll.
2. Fügen in den ersten 14 Tagen einen Esslöffel einer der neuen Sorten dem gewohnten Futter zu. Wechseln Sie diese bei jeder Mahlzeit oder täglich.
3. Erhöhen Sie nach dieser Zeit den Anteil des neuen Futters. Wenn Sie zwei Esslöffel des gewohnten Futters entnehmen und zwei des neuen zu fügen, beträgt das Verhältnis der Futtersorten etwa 1:1.
4. Wechseln Sie wieder täglich beziehungsweise bei jeder Mahlzeit die Sorte, die sie zugeben.

Nach etwa 4 Wochen ist Ihre Katze daran gewöhnt, unterschiedliches Futter zu bekommen. Sie brauchen nicht mehr zu mischen. Wechseln Sie unbedingt weiter regelmäßig zwischen den verschiedenen Sorten.

Barf bedeutet nicht, einfach rohes Fleisch zu geben.

Eine echte „biologische artgerechte Rohfütterung" (BARF) würde bedeuten, dass Sie Ihre Waldkatze nur die üblichen Beutetiere wie Mäuse, Frösche und Vögel verfüttern. Dank des großen Angebots an Schlangenfutter ist dies möglich, ohne dass Sie auf die Jagd nach Kleintieren gehen. Allerdings ist es nicht angenehm, täglich aufgetaute Küken und Mäuse in den Napf zu legen. Viele Katzen sind außerdem zu verwöhnt, um sich damit zufriedenzugeben.

Aber das Füttern mit reinem Muskelfleisch ist genauso wenig artgerecht und natürlich wie industrielle hergestelltes Trocken- oder Nassfutter. Dies gilt besonders, wenn Sie ausschließlich klein gehacktes aufgetautes Fleisch geben. Ihre Katze soll kauen, denn nur so reinigt sie die Zähne. Kochen geschieht ausschließlich um Keime und Parasiten abzutöten. Eine derartige Belastung ist bei Fleisch, das der menschlichen Ernährung dient selten.

Problematisch ist besonders das Muskelfleisch weniger Vitamine, Mineralien und Taurin enthält als Kleintiere, welche die Katze als Ganzes verschlingt. 100 g Maus liefert 240 mg Taurin, in der gleichen Menge Rindfleisch sind nur 36 mg und in dem Fleisch einer Hühnerkeule sogar nur 34 mg enthalten. Sie müssen einer Fleischmahlzeit also Taurin und Vitamine zusetzen. Bei Taurin und wasserlöslichen Vitaminen brauchen Sie sich wegen einer Überdosierung keine Gedanken zu machen. Katzen scheiden sie aus. Aber wie im Kapitel über Nassfutter erwähnt, dürfen die fettlöslichen Vitamine A, D, E und K nicht überdosiert werden.

Ob Sie Rindfleisch, Geflügel, Wild oder Schaf verfüttern, ist egal, aber geben Sie einer Katze niemals Schweinefleisch. Es kann das Aujeszky-Virus (Erreger der Pseudotollwut) enthalten. Es versteht sich von selbst, dass Reste einer Fleischmahlzeit vom Tisch genauso wenig als Katzenfutter taugen wie verdorbenes Fleisch. Katzen sind keine Aasfresser und viele Gewürze sind sogar giftig für die Tiere. Ein guter Einstieg in die Rohfleischernährung ist BARF-Fertigfutter aus dem Handel.

Wichtig: Rohes Fleisch kann Salmonellen, Escherichia Coli, Campylobacter oder den Parasiten Toxoplasma gondii enthalten. Barfen ist daher in Haushalten mit Kindern und Schwangeren problematisch.

Diäten bei mehreren Tieren einhalten

Wenn Sie einen Hund und Norweger Katzen im Haus haben, werden Sie schnell feststellen, das Wuffel ganz verrückt nach dem Katzenfutter ist. Ihre Katzen wenden sich dem Hundefutter nur zu, wenn der liebe Hausgenosse ihnen kein Katzenfutter übrig gelassen hat. Das ist nicht tragisch, wenn es gelegentlich geschieht. Aber für Hunde ist Katzenfutter auf die Dauer zu proteinhaltig und den Katzen bekommt der hohe Anteil an Kohlenhydraten im Hundefutter nicht. Das Problem lässt ich leicht lösen. Füttern Sie die Katzen an einem Platz, der für den Hund unerreichbar ist.

Schwieriger ist es, wenn die Katzen das Hundefutter stehlen oder wenn einzelne Katzen ein besonderes Futter brauchen, z.B. bei einer Trächtigkeit oder bei Diabetes. Hier hilft in der Regel nur die moderne Technik. Jedes Tier bekommt sein Futter in einem codierten Napf, dessen Deckel sich nur öffnet, wenn das richtige Tier davor sitzt, das den Inhalt fressen darf und soll. Solche Näpfe werden über den bereits erwähnten Chip gesteuert, der auch Katzentüren öffnet und ein Tier eindeutig einem Impfausweis zuordnet.

Frauchen ist schwanger

Spätestens wenn Eltern und Bekannte von einer Schwangerschaft erfahren, werden Stimmen laut, dass Sie sich nun von Ihrer Norwegischen Waldkatze trennen müssen. Lassen Sie sich nicht beirren. Medizinisch gibt es keinen Grund dafür und Kinder sind glücklich, wenn Sie mit einem Haustier aufwachsen dürfen.

Zur Schwangerschaftsvorsorge gehört ein Test auf Toxoplasmose. Es handelt sich dabei um eine Infektion mit dem Parasiten Toxoplasma gondii, die viele Menschen oft unbemerkt durchmachen. Wenn Sie diese Krankheit hatten, brauchen sie sich keine Sorgen zu machen, denn nur eine Erstinfektion in der Schwangerschaft ist gefährlich.

Falls Sie bisher diese Infektion nicht hatten, müssen vorsichtig sein:

- ✓ Meiden Sie den Kontakt mit rohem Fleisch, Rohmilch(produkte) und Rohwurst.
- ✓ Tragen Sie bei der Gartenarbeit Handschuhe und Mundschutz.

- ✓ Waschen Sie Obst und Gemüse gründlich, da der Erreger auch daran haften kann.
- ✓ Überlassen Sie die Reinigung des Katzenklos einem Familienmitglied. Es soll dieses täglich mit über 60° heißem Wassern waschen.
- ✓ Waschen Sie sich nach dem Schmusen und Spielen mit der Katze die Hände.

Sie sehen die Gefahr, sich zu infizieren besteht bei vielen Gelegenheiten. Katzen sind nicht die Hauptinfektionsquelle.

Das Baby und die Katze

Die Norwegische Waldkatze ist ein geduldiges, aber auch ein neugieriges Tier. Sie wird den neuen Mitbewohner kennenlernen wollen. Lassen Sie die Katze daher vom ersten Tag an zum Kind, natürlich unter Aufsicht. So vermeiden Sie, dass die Katze sich dem Baby plötzlich nähert, wenn sie es absolut nicht gebrauchen können.

Bringen Sie der Katze außerdem schon lange vor dem Einzug des neuen Erdenbürgers bei, dass sie nicht in das Bettchen oder auf den Wickeltisch darf. Lassen Sie die Katze die Neuanschaffung begutachten, aber verbieten Sie konsequent, dass das Tier es sich darauf gemütlich macht.

Natürlich darf die Katze nie unbeaufsichtigt bei einem Kind bleiben, dass noch nicht krabbeln kann. Es besteht die Gefahr, dass das Tier sich auf das Kind legt oder mit dem Fell die Luftzufuhr zu Nase und Mund behindert. Das geschieht aus Liebe.

Ihre Katze kann nicht ahnen, dass sie mit dem Verhalten das Kind gefährdet.

Insgesamt ist es ein Gewinn für Ihr Kind, mit einer Norweger Katze aufzuwachsen. Besonders da die Rasse sehr vorsichtig ist und eher ruhig mit dem Kind umgeht.

Gute Kratzgelegenheiten schaffen

Abbildung 18: Katzen kratzen gerne.

Ihre Katze hat in Ihren Augen alles für die Krallenpflege: Einen riesigen Kratzbaum und kleinere Kratzgelegenheiten. Trotzdem schlägt sie die Krallen in die Tapete neben der Tür? Sie sind verzweifelt und davon überzeugt, dass Ihre Katze zu Zerstörungswut neigt?

Vielleicht wollen Sie sogar die Krallen kürzen, weil das Tier unter zu langen Krallen leiden könnte.

Solche Überlegungen sind falsch, denn keine Katze braucht eine Kratzgelegenheit, um die Krallen zu schärfen. Sie greifen schließlich auch zu einer Nagelfeile aus einem Material, das deutlich härter ist als Holz oder Baumrinde. Das Kratzen dient also keinesfalls dem Kürzen der Krallen. Das erkennen Sie auch daran, dass keine Katze die Hinterpfoten dazu verwendet, einen Baum zu malträtieren.

Es gibt nur einen Grund, wieso Katzen hingebungsvoll die Krallen in verschiedene Materialien schlagen. Sie wollen ihr Revier markieren. Zwischen den Zehen befinden sich Drüsen, die eine Sekret absondern. Dieses verteilt die Katze beim Kratzen. Außerdem soll die Aktion sichtbare Sputen hinterlassen. Sie demonstriert Stärke, wenn sie kratzt, sodass die Fetzen fliegen.

Ein Kratzbaum aus stabilem Material, der in einer Ecke des Raumes steht, kommt diesen Bedürfnissen nicht entgegen. Die Tapete oder das weiche Holz einer Tür schon eher. Manche Kratzspuren stammen nicht vom gezielten Kratzen, sondern sind Folgen verschiedenen Aktionen, die nicht dem Markieren dienen. Ihre Norweger Katze hat vielleicht versucht, am Schrank zu klettern oder eine Tür zu öffnen.

Sie können einer Katze das Kratzen nicht abgewöhnen, aber Wege finden, um zu deutliche Spuren zu verhindern:

1. Schaffen Sie Kratzgelegenheiten, die das Tier zerfetzen kann in der Nähe der Ort, die Ihre Katze markiert. Diese

Maßnahme ist die wichtigste, denn Ihre Katze braucht diese natürliche Möglichkeit ihr Revier zu markieren.

2. Schützen Sie Wände durch Rollputz oder Tapeten aus Glasfaser. Ihre Katze markiert dort weiter, aber es gibt keine Spuren. Ihre Katze muss aber auch irgendwo sichtbare Spuren hinterlassen dürfen.

3. Bringen Sie Bespannungen aus Segeltuch an Türen und Schränken an, um Kratzspuren zu verhindern. Die Maßnahme behindert auch Schäden durch Klettern.

4. Setzen Sie Zitronenaroma oder Zitronensaft als Vergällungsmittel ein, damit die Katze bestimmte Bereiche verschont. Diese Methode führt nur zum Erfolg, wenn auch Punkt 1 erfüllt ist.

Zecken und Flöhe bekämpfen

Flöhe und Zecken sind die Plagegeister, die vielen Katzen zu schaffen machen. Die Blutsauger unterscheiden sich erheblich, sowohl in der Art des Befalls als auch bei der Bekämpfung.

Zecken sind Spinnentiere, also keine Insekten. Sie lauern in Gräsern und lassen sich auf Wirte fallen, die durch die Wiese streifen. Dort suchen sie eine weiche Stelle, in der sie sich festbeißen. Da Zecken mehrere Tage am Wirt verbleiben, sondern sie ein Sekret in die Wunde ab, das die Gerinnung des Bluts verhindert und die Einstichstelle betäubt. Zeckenstiche jucken daher nicht. Zecken fallen ab, sobald sie durch das Blut des Wirts die Größe eines Bohnenkerns erreicht haben. Wenn dies in der Wohnung geschieht, verbleibt sie an einer versteckten Stelle, um sich Wochen später wieder einen Wirt zu suchen.

Zwei Gründe sprechen dafür, eine Katze regelmäßig auf Zecken zu untersuchen und die Blutsauger schnellstens zu entfernen:

a) Eine Zecke im Haus befällt die Bewohner immer wieder. Sie nimmt auch Kleintiere oder Menschen als Wirt. Die Spinnentiere wandern üblicherweise nicht mehr aus der Wohnung.

b) Je länger die Zecke am Wirt verbleibt, umso mehr Keime gelangen über das Sekret, das der Parasit absondert, in den Wirt. Die Gefahr von Borreliose oder einer anderen schweren Krankheit steigt.

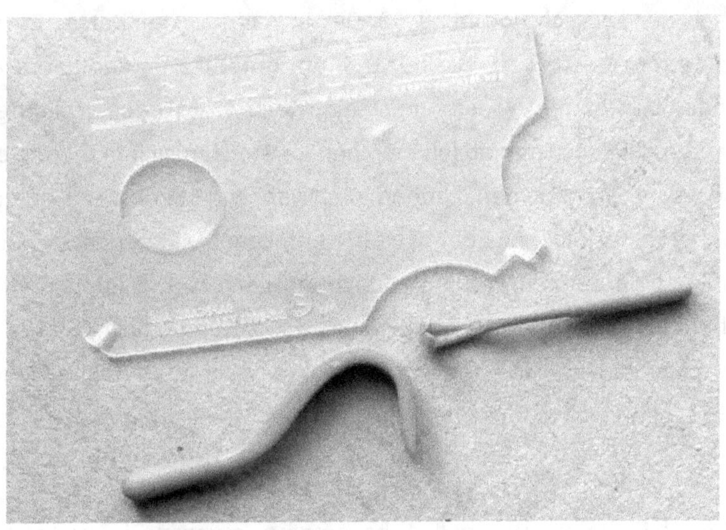

Abbildung 19: Zeckenhilfsmittel, © rgladel

Entfernen Sie die Blutsauger mit einem Zeckenhaken oder einer Zeckenkarte. Schieben Sie den Schlitz am Werkzeug parallel zur Haut zwischen den Körper der Zecke und die Haut des Wirts. Führen Sie das Hilfsmittel dicht über der Haut. Nun heben Sie es mit Kraft senkrecht nach oben ab. Desinfizieren Sie die Wunde und beobachten Sie, ob sich die Einstichstelle entzündet. Sollte ein Teil des Kopfes in der Katze stecken geblieben sein, passiert meist nicht schlimmes. Der Körper stößt das fremde Gewebe ab.

Zecken- und Flohhalsbänder oder der Versuche, die Zecke durch andere Mittel (Öl, Klebstoff etc.) zu töten, führen dazu, dass Zecken mehr Keime in den Wirt absondert. Daher sind diese Methoden gefährlich.

Flöhe verursachen in der Regel Beschwerden. Die Stiche jucken. Ein Flohbefall ist schwer zu bekämpfen, wie Sie am Lebenszyklus der Insekten erkennen können. Weibliche Flöhe legen 24 Stunden nach der Befruchtung etwa 30 Eier in das Fell der Katze. Diese fallen meist sofort ab. Die nur 0,5 mm großen Eier sind kaum zu finden und extrem widerstandsfähig. Nach 4 –5 Tagen schlüpften Larven. Die winzigen agilen Tierchen verstecken sich in Ritzen, da sie leicht austrocknen können. Als Nahrung dient der Kot der Flöhe, der ständig aus dem Fell der befallenen Katze rieselt. Nach einigen Häutungen verpuppen sich die Larven. Die Puppen sind ebenfalls extrem widerstandsfähig. Es ist unmöglich, diese zu vernichten. Aus den 5 mm großen Kokons schlüpfen adulte Flöhe. Sie suchen sich sofort einen Wirt und die Entwicklung beginnt von vorne.

Um die Flöhe wirkungsvoll zu bekämpfen, müssen Sie die Larven und die ausgewachsenen Flöhe abtöten.

Diese Optionen haben Sie:
- o Mit Umgebungsspray die Larven abtöten: Sie müssen im Abstand von ein paar Tagen die Umgebung der Liegeplätze Ihrer Katze und alle möglichen Verstecke der Larven

einsprühen.

o Flohpuder eignet sich, um Flöhe, die auf der Katze leben, zu vernichten. Leider springen viele der Parasiten während der Behandlung von der Katze und überleben die Aktion.

o Flohhalsbänder verteilen Puder oder Gift. Sie wirken im Prinzip wie Flohpuder, welche Sie mehrmals am Tag auf die Katze aufbringen würden.

o Spot-ons sind Präparate, die im Nacken auf die Haut der Katze aufgetragen werden. Der Wirkstoff dringt durch die Haut und vergiftet das Blut der Katze. Leider sind viele Flöhe resistent gegen das Gift.

o Die Katze bekommt beim Tierarzt ein Medikament, das den Kot der Flöhe verändert. Larven, die diesen fressen, können sich nicht häuten und sterben ab. Nach einigen Tagen erhält die Katze ein weiteres Medikament, das die Flöhe, die auf ihr leben, abtötet.

Wichtig:

- Spot-ons und Flohhalsbänder sind nicht für Katzen geeignet, die mit Kindern in Berührung kommen.

- Halsbänder sind generell für Freigänger gefährlich, weil sie sich damit im Gebüsch verfangen können.

- Umgebungssprays mit Permethrin sind giftig für Katzen. Es kann auch zu Vergiftungen kommen, wenn die Katze Stunden nach der Anwendung den Liegeplatz aufsucht oder wenn Hunde, mit denen die Katze in Berührung kommt, damit behandelt werden.

- Eine Permethrinvergiftung äußert sich durch Zittern, starken Speichelfluss, Krämpfe, Atemnot, Erbrechen und Durchfall.

Vorbeugen gegen Parasiten ist unmöglich

In Ratgebern und Katzenforen werden viele Mittel angepriesen, mit denen sich ein Befall durch Zecken oder Flöhe verhindern lassen soll. Diese Mittel haben leider meist keine Wirkung. Es stimmt auch nicht, dass Wohnungskatzen keine Parasiten bekommen, denn Flöhe und Zecken gelangen oft durch Menschen unbemerkt in die Wohnung.

Spinnen (Zecken und Insekten) riechen mit den Füßen und nicht mit den Atmungsorganen. Sie nehmen also einen Geruch erst wahr, wenn Sie einen unmittelbaren Kontakt mit dem Geruchsstoff haben. Sitzt ein Floh oder eine Zecke auf der Katze, wird kein Geruch dafür sorgen, dass der Parasit den Wirt nicht erkennt und sich an dessen Blut bedient.

Es nützt daher nicht, Spot-ons, Halsbänder oder diverse Öle zu verwenden, um die Schädlinge von der Katze fernzuhalten. Diese reagieren auf Wärme, Vibrationen und Kohlendioxid, denn so macht sich die Anwesenheit eines Säugetiers bemerkbar.

Sie können diese Behauptung leicht überprüfen. Wenn Ihr Haustier Flöhe hat, stellen Sie eine brennende Kerze auf eine klebrige Unterlage, beispielsweise eine Gelbtafel. Meist kleben bereits nach wenigen Stunden Flöhe darauf, denn die Flamme erzeugt Wärme und Kohlendioxid.

Quälen Sie Ihre Norwegische Waldkatze nicht mit Ölen, die das Fell verkleben und Gerüchen, die das Tier stören. Viele ätherische Öle sind sogar giftig für Katzen.

Wissenswertes zu Sprays, Spot-ons, Verdunstern und Zerstäubern

Im Zusammenhang mit der Flohbekämpfung und Abhilfe bei Verhaltensstörungen wurden mehrfach diese Begriffe verwendet. Da vielen Katzenhaltern die Unterschiede nicht klar sind, folgt nun ein kleiner Exkurs:

Sprays sind Mittel, die mittels Treibgas aus einem Druckbehälter verteilt werden. Egal um welche Art von Spray es sich handelt, Sie dürfen die Mittel nie direkt auf ein Tier sprühen.

Spot-ons werden im Nacken auf der Haut der Katze verteilt, da die Tiere das Mittel dort nicht ablecken können. Mittel, die Parasiten abtöten, wirken oft nur unzureichend. Es ist daher wenig sinnvoll, zu solchen Produkten zu greifen. Bedenklich sind Mittel, die über einen Geruch Parasiten vertreiben oder auf die Psyche der Katzen wirken sollen. Diese Mittel belasten die Tiere oft stark. Sie können einen Geruch, der sich als stressig herausstellt außerdem nicht sofort wieder entfernen.

Verdunster verteilen einen Geruch über Wärme im Raum. Dieser verschwindet schnell, sobald Sie die Wärmequelle entfernen. Umgekehrt braucht es einige Zeit, bis sich der Duft verteilt.

Zerstäuber verteilen ein Mittel über ein elektrisches Sprühsystem. Daher wirken sie sehr schnell. Da sich aber ein Geruchsträger auf Teppiche und Möbel legt, braucht es einige Zeit, bis sich der Geruch verflüchtig, wenn Sie das Gerät abstellen.

Krankheitszeichen erkennen

- ➢ Wenn Ihre Katze plötzlich an Gewicht verliert, liegt es meistens an einer erhöhen Aktivität. Kommen aber Erbrechen und Durchfall hinzu, ist es ein ernstes Krankheitszeichen.

- ➢ Gelegentliches Erbrechen oder ein Tag Durchfall sind nicht tragisch, wenn die Katze dabei hingegen Blut absondert, sollten Sie sofort zum Tierarzt.

- ➢ Fieber, Husten, ein aufgeblähter Bauch, Speicheln und Atemnot sind Anzeichen einer behandlungsbedürftigen Krankheit oder Vergiftung. Sie sollten sofort zum Arzt mit der Katze.

- ➢ Katzen die immer wieder ohne Erfolg auf das Katzenklo gehen, haben vermutlich eine starke Verstopfung oder Probleme mit den Harnwegen. Ein Tierarzt muss helfen.

- ➢ Starker Haarausfall ist im Frühjahr und im Herbst unbedenklich. Wenn sich kahle Stellen zeigen oder die Katze sich ständig beleckt, muss ein Tierarzt die Ursache abklären.

- ➢ Unsichere Bewegungen, Hinken, eine Schonhaltung und ähnliche Anzeichen sind vermutlich auf eine Verletzung zurückzuführen. Wenn die Katze Schmerzen hat, bringen Sie sie sofort zum Tierarzt. Ansonsten beobachten Sie, ob sich die Symptome bessern. Wenn die Anzeichen länger als drei Tage ohne Besserung anhalten, müssen Sie ebenfalls zum Tierarzt.

- ➢ Ein Warnzeichen ist auch, wenn die Katze nicht mehr richtig frisst beziehungsweise deutlich mehr oder weniger als üblich trinkt. Suchen Sie einen Tierarzt auf, falls das Verhalten länger als 2 Tage anhält.

Für spezielle Fragen wenden Sie sich an einen Züchter oder Arzt.

Über unsere Reihe:
Meine Katze fürs Leben

Das Buch vermittelte Ihnen hoffentlich viel Wissenswertes über die bezaubernden Katzen. Es lohnt sich, mit den Tieren zu befassen. Dies ist der achte Band einer Reihe von kompakten, lebensnahen Ratgebern zum Thema Katzenerziehung. Die einzelnen Rassen werden von Autoren vorgestellt, die sich durch langjährige Erfahrung und durch Liebe zur Katze auszeichnen. Wir wünschen Ihnen viele schöne und entspannte Jahre mit Ihrem Haustier!

Über eine positive Bewertung würden wir uns freuen!

So pflegst du Katzenbabys

Das Alter der Katze kannst Du anhand der Augenfarbe und der Ohrfalte sehen.

Katzenbabys unter drei Wochen müssen mit der Flasche aufgezogen werden.

Seien Sie eine Katzenmama oder ein Katzenpapa

Füttere alle drei Stunden mit der Flasche, wenn die Katze zwei Wochen alt ist.

Setze die Flaschenfütterung ab, wenn das Kätzchen 3 Wochen alt ist.

Wenn das Kätzchen drei Wochen alt ist kannst Du langsam damit beginnen, weiches, mit Katzenmilch verdünntes Futter zu füttern.

Futter für wachsende Kätzchen

Katzenmilch, weiches Kätzchenfutter und Sardinengräten für extra Calcium.

TIPP: KATZEN TRINKEN NORMALERWEISE AUFGRUND VON KONTAMINATION NICHT IN DER NÄHE DES FUTTERS.

Stelle sicher, dass Ihr Kätzchen ausreichend Flüssigkeit bekommt.

Verdünne das Katzenfutter mit Wasser, bis die Katze lernt, Flüssigkeiten aufzulecken, bevor du ihr beibringst, Wasser zu trinken.

Bringe der Katze bei, das Katzenklo zu verwenden.

Bringe das Kätzchen zum Katzenklo und helfe ihm, das Katzenstreu sanft mit den Pfötchen zu kneten. Die Katze wird dies instinktiv als Toilette verwenden.

Gewöhne Katzenbabys an Menschen.

Stelle sicher, dass das Kätzchen niemals allein und einsam ist. Ansonsten wird es ängstlich und sprunghaft. Spiele mit dem Kätzchen.

Meine Katze fürs Leben Ratgeber

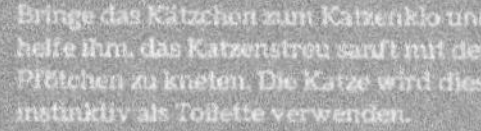

Impressum

Independently Published
ISBN: 9798702014920
M. Mittelstädt
Friedrichstraße 112b
38855 Wernigerode